KB273995

영업은 숫자로 말한다

THE SALES

세상 모든 파는 사람들을 위한 세일즈 시스템

영업은 숫자로 말한다

ENGINE

유장준 지음

흐름출판

성과가 안 나는 이유? 사람 문제가 아닙니다

"소장님, 혹시 주변에 영업 잘하는 사람 어디 없나요? 매출이 안 나와서 고민입니다."

몇 년 전, 한 AI 기반 스타트업 대표님이 제게 건넨 첫마디였습니다. 기술력도 제품도 훌륭했지만 영업 담당자 3명의 실적은 좀처럼 제자리를 벗어나지 못했습니다. 대표님은 그 원인이 전적으로 '사람'에게 있다고 믿었습니다. 실적이 안 나오니 서로를 신뢰하지 못하게 됐고 팀 분위기는 굳어 갔습니다.

저는 새 사람을 채용하는 대신 기존 팀의 세일즈 시스템부터 들여다보기로 했습니다. 누구에게 팔 것인지 타깃을 다시 정의하고, 매일 실행해야 할 세일즈 루틴을 설계했습니다. 거절을 줄이는 전

화와 이메일 구조를 개선해 미팅 전환율을 높이고, 모든 영업 활동
을 숫자로 정의해 매주 점검했습니다. 몇 달 뒤, 같은 팀 같은 사람
들로 매출이 꾸준히 우상향하기 시작했습니다.

지난 20년간 때론 플레이어로 때론 세일즈 컨설턴트이자 코치로
서 수많은 현장을 누비며 가장 많이 들었던 말이 있습니다.

"뭔가 열심히는 하고 있는데 결과가 안 나옵니다."
"문의는 오는데 계약으로 이어지지 않습니다."
"이제 무엇을 더 해야 할지 모르겠습니다."

의료기기 스타트업부터 제조업, 광고대행사, IT 기업, 1인 기업
가에 이르기까지 업종과 규모는 달랐지만 고민의 본질은 하나였습
니다. 많은 경영자들이 영웅 같은 '타고난 영업맨'을 찾습니다. 영
업이란 화려한 말솜씨나 사교성, 타고난 감의 영역이라는 믿음이
뿌리 깊게 자리 잡고 있기 때문입니다.

그러나 시스템 없이 특정 개인의 역량에만 기댄 매출은 사상누
각입니다. '에이스'가 떠나는 순간, 회사가 쌓아온 성과와 노하우
가 함께 사라집니다. 저는 기업 현장에서 그런 장면을 수도 없이
목격했습니다.

오늘날의 고객은 과거보다 훨씬 영리하고 정보에 밝습니다. 현란
한 언변만으로 지갑이 열리는 시대는 이미 지났습니다. 취향은 세

분화됐고 시장은 예측하기 어려울 만큼 빠르게 변합니다. 마케팅에 아무리 큰 비용을 쏟아부어도, 고객의 최종 선택을 이끌어내는 영업의 흐름—즉 시스템—이 없으면 매출은 만들어지지 않습니다.

이 책에는 제가 현장에서 검증한 7가지 세일즈 시스템을 담았습니다. 고객 타깃 재정의부터 시작해, 고객을 먼저 찾아가는 아웃바운드 전략, 고객이 스스로 찾아오게 만드는 인바운드 루틴, 접점을 넓히는 이벤트·네트워킹 전략을 망라했습니다. 나아가 대화와 설득의 기술, 갑질 대응과 화난 고객을 다루는 마음 챙김까지, 실전에서 바로 꺼내 쓸 수 있도록 정리했습니다.

영업은 결코 어렵지 않습니다. 영업은 단기적인 기교가 아니라 데이터로 관리하는 프로세스입니다. 활동량을 숫자로 정의하고 시스템을 루틴으로 만드십시오. 그러면 매출은 우상향합니다. 이것은 제가 수많은 기업의 정체된 매출을 끌어올리며 직접 목격한 공식입니다. 다시 말해, 영업은 루틴이며 숫자입니다.

조직 안에 영업을 가르쳐줄 사수가 없습니까? 이 책을 손에 쥐여 주십시오. 7가지 원칙을 하나씩 실천해 나간다면, 경험이 부족한 신입이라도 반드시 눈에 보이는 숫자를 만들어낼 것입니다. 막연한 기대 대신 시스템의 힘을 믿으십시오. 이제 숫자로 증명하는 영업을 시작할 차례입니다.

유장준

3장 · 팔지 마라, 찾게 하라
Inbound Sales

4장 · 모이는 곳에 기회가 있다
Event Sales

5장 · 만남을 계약으로 바꾸는 법
Lead Conversion

6장 · 영업은 결과로 말한다
Negotiation & Pricing

7장 · 영업은 마음 챙김이다

Relationship & Mindfulness

1장

확장, 확장,
확장하라

Prospecting & Targeting

오늘이 내일을 보장하지 않는다

20여 년 동안 현장에서 그리고 세일즈 코치로 일하며 여러 기업의 흥망성쇠를 지켜보았다. 잘나가던 기업이 어느 순간 흔들리고 무너지는 모습을 볼 때마다 안타까웠다. 무너지는 모습은 각기 달라도 실패에는 언제나 공통된 이유를 발견할 수 있었다.

시장은 항상 변화한다. 오늘 잘 팔리던 상품이 내일도 잘 팔릴 거란 보장은 없다. 고객의 취향, 경제 상황, 경쟁 환경은 끊임없이 바뀌고 예측하지 못한 위기는 반드시 찾아온다. 그런데도 많은 기업들은 한때의 성공에 안주한 채 지금까지 해오던 방식만을 고수하다 침몰하고 있다.

　　로컬오누이의 편호준 대표 이야기는 그런 점에서 많은 생각과 영감을 준다. 편 대표는 부모님과 함께 전남 나주에서 멜론 농장을 운영하고 있다. 그의 부모님은 지난 30년간 오직 멜론 하나만 재배해왔다. 뛰어난 품질 덕분에 지역에서 명성을 얻었고 안정적인 매출을 올리고 있었지만, 늘 예측하지 못한 위험에 노출되어 있었다. 병충해가 발생해 모든 멜론을 폐기하거나 갑작스러운 폭우로 수확 직전에 농작물이 망가지는 일도 있었다. 농산물 특성상 시장 수급이 불안정하면 한순간에 수익이 급락하기도 했다.

　　편 대표는 농장을 물려받으며 전혀 다른 접근을 시도했다. 안정적이지만 단일화된 판매 방식에서 벗어나 고객층과 시장을 다변화하는 데 집중했다. 대형마트, 백화점, 직거래 장터, 온라인 쇼핑몰 등 다양한 유통 채널을 확보하고, 해외 수출 경로도 개척했다. 생과(生果) 판매에만 의존하지 않고 가공상품을 개발해 빙수 전문점이나 카페 등으로 판로를 확대했다. 판로가 다양해지자 공급 과잉이나 가격 하락 같은 돌발 변수가 발생하더라도 안정적인 매출을 유지할 수 있었다.

　　멜론만 키우던 부모님의 방식과 달리 고구마, 홍귤, 천혜향 등 여러 작물을 함께 재배하며 상품 구성을 다변화했다. 이렇게 여러 작물을 재배하니 하나가 잘못돼도 다른 작물이 매출을 지탱해주는 구조가 만들어졌다. 편 대표의 농장은 이전보다 훨씬 안정적으로 성장하고 있다. 그는 이렇게 말한다.

"처음에는 부모님도 걱정을 많이 하셨습니다. '한 가지 작물만 깊게 파는 게 농사의 기본이다'라고 하셨거든요. 하지만 세상은 너무 빠르게 변해서 이제는 하나만으로는 살아남기 어렵습니다. 판로와 상품을 다각화한 덕분에 이제 부모님도 시장 상황이나 날씨 때문에 불안해하지 않으십니다."

편 대표의 이야기는 농업 분야에만 국한되지 않는다. 어떤 업종이라도 하나의 고객층, 하나의 판매 채널, 하나의 상품에만 의존하면 외부 환경이 조금만 바뀌어도 생존이 위태로워진다. 단일 시장만 바라보는 것이 당장은 편하고 안정적일지 몰라도 장기적으로 보면 위험하다.

기업 대표들을 코칭할 때면 늘 다음 세 가지 질문을 던진다.

- 현재 회사가 공략하는 고객층은 얼마나 다양한가?
- 판매 채널은 몇 가지나 가지고 있는가?
- 판매하는 상품군은 충분히 다양하게 구성되어 있는가?

안타깝게도 위기를 겪는 기업들은 대부분 이런 질문들에 충분히 답하지 못한다. 오히려 위기 의식 자체가 없다고 할까? 그 결과 지나치게 협소한 고객층, 제한된 판매 채널, 한정된 상품 구성에 안주하다가 외부 충격이 왔을 때 쉽게 흔들리고 무너진다.

변화하지 않는 시장은 없다. 지금의 성공이 앞으로도 계속될 거라는 믿음에 안주하면 반드시 위기를 맞게 된다. 투자에서 모든 계란을 한 바구니에 담지 말라는 격언이 있듯이 어떤 비즈니스라도 고객과 판매 방식, 상품 구성을 끊임없이 다변화하고 확장해야 한다. 그래야 시장이 어려울 때도 안정적으로 성장할 수 있다.

이 책을 펼친 당신이 가장 먼저 기억해야 할 것이 있다. 어제의 성공이 결코 내일을 보장하지 않는다. 우리는 지금부터 변화에 대비해 고객층을 넓히고, 상품을 다양화하며, 판매 경로를 확장하는 구체적인 방법을 살펴볼 것이다.

시작하기에 앞서 잠시 당신의 비즈니스가 어디에 서 있는지 점검해보자. 과거의 성과에 만족하고 멈춰 서 있진 않은가? 지금이라도 변화하고 성장하는 방법을 찾아야 한다.

고객을 확장하라

사업을 하다 보면 이런 고민을 하는 경우가 아주 많다. 왜 장사가 안 될까? 경기가 안 좋아서일까, 위치가 별로여서일까, 내 제품이나 서비스의 경쟁력이 부족해서일까? 스타트업 창업자나 프리랜서들도 처음에는 설렘과 자신감을 안고 시작한다. 그러나 시간이 지나면서 현실과 맞닥뜨리게 된다. 분명히 좋은 제품과 서비스를 가지고 있는데도, 예상보다 손님은 찾아오지 않고 매출은 기대치에 미치지 못한다.

그러면 우리는 흔히 그 원인을 외부에서 찾는다.

"경기가 너무 좋지 않아."

"위치가 별로인가? 홍보가 부족한가?"

물론 그런 이유들이 어느 정도 일리는 있다. 하지만 정말 그것이 전부일까. 근본적인 이유는 훨씬 단순한 데에 있을지도 모른다. 대상 고객을 지나치게 좁게 설정한 것은 아닐까?

가령 많은 사업가들이 무의식적으로 개인 소비자만 바라보는 경향이 있다. 개인 소비자를 대상으로 하는 시장은 직관적이고 접근이 쉬워 보이기 때문이다. 그러나 개인 소비자 시장만 바라보는 사업은 결국 한계를 마주하게 된다. 아무리 좋은 제품과 서비스를 가지고 있어도 개인 소비자만을 대상으로 한다면, 안정적이고 장기적인 성장은 사실상 불가능하다.

이 지점에서 중요한 질문을 스스로에게 던져보자.

"우리의 제품과 서비스는 개인 소비자에게만 필요한 것인가?"

"관점을 바꾼다면 더 넓고 큰 시장이 보이지 않을까?"

때로는 아주 작은 관점의 전환이 큰 성과로 이어지기도 한다. 지금 당신의 사업에 필요한 것은 바로 그 작은 변화일지도 모른다.

작은 카페의 큰 변화: 손님을 기다리지 말고 직접 발굴하다

얼마 전 서울 언주역 근처에서 작은 카페를 운영하는 사장님을 만났다. 이 카페는 직접 원두를 볶아 커피의 맛과 향이 정말 뛰어난 곳이다. 처음에는 대부분의 카페가 그렇듯 가게를 방문하거나 테이크아웃하는 개인 손님만을 대상으로 운영했다. 하지만 아무리 커피 맛이 좋아도 개인 고객이 찾아오기만 기다리는 비즈니스 모델은 매출 성장에 한계가 있다.

그때 사장님은 카페 주변 환경을 다시 꼼꼼히 살펴보기 시작했다. 인근에 디자인 회사와 가구 회사들이 많았다. 특히 2030 여성 직장인들이 많다는 점이 눈에 들어왔다. 사장님은 여기에 착안해 적극적으로 영업 전략을 펼쳤다. 직접 주변의 회사들을 찾아가 고품질의 원두를 납품하겠다고 제안했고, 실제로 몇몇 기업과 계약을 성사시키는 데 성공했다.

이런 노력 끝에 지금은 주변 기업들로부터의 원두 판매 매출이 전체 매출의 절반을 넘어섰다.

"처음 카페를 열었을 때는 주변 직장인들이 출퇴근하며 커피를 사 가는 것만 생각했어요. 그런데 손님이 오는 것만 기다리면 매출이 늘 한정적이더군요. 그래서 직접 주변 기업들을 찾아가서 원두를 납품할 수 있게 적극적으로 영업을 했어요. 그 덕분에 카페 운영이 한결 안정됐어요."

많은 사람들이 카페는 개인에게 커피를 판매하는 사업이라고만 생각한다. 그러나 발상을 조금만 바꾸면 기업을 상대로 안정적인 매출원을 만들 수 있다. 물론 이런 이야기를 듣고 이렇게 반문할 수도 있다.

"저희 카페는 오피스가 없는 주거지역에 있어서 해당이 없을 것 같은데요?"

하지만 회사가 많지 않은 지역의 카페라고 해서 기업 고객을 포기할 필요는 없다. 조금만 창의적으로 접근하면 방법은 얼마든지 있다. 몇 가지 돌파구를 생각해 보자.

첫째, 지역 내 병원, 은행, 학원, 통신사 대리점, 공인중개사 사무소, 관공서 등을 방문해 고객 응대용 커피 서비스를 제안할 수 있다. 이런 곳들은 업무 중 커피가 필요한 경우가 많기 때문에 좋은 기업 고객이 될 수 있다.

둘째, 인근의 소규모 숙박 시설이나 펜션, 모텔 등을 방문해 객실에서 간편하게 이용할 수 있는 드립백 커피나 커피 키트를 납품할 수 있다. 숙박업소들은 투숙객 서비스 향상을 위해 이런 제안을 환영할 수도 있다.

셋째, 아파트 관리사무소와 협력해 입주민 행사나 회의 때 케이터링 서비스를 제공할 수 있다. 입주자 총회나 각종 주민 모임에서는 간단한 다과와 음료 서비스가 필요한 경우가 많다.

이처럼 카페라는 단순해 보이는 사업도 관점을 조금만 바꾸면 다양한 기업 고객을 대상으로 안정적인 매출원을 만들 수 있다.

심리상담사가 기업 고객을 유치한 이유

내가 코칭을 진행했던 한 심리상담사는 처음에는 개인 고객만을 대상으로 상담을 진행했다. 그는 자신의 서비스가 기업 고객과는 관련이 없다고 생각해 개인 상담에 집중했다고 한다. 하지만 그렇게 운영한 결과, 월평균 고객 수가 15~20명 수준에서 더 이상 늘어나지 않았고 수입 또한 정체됐다. 뭔가 새로운 돌파구가 필요했다.

그때 나는 이런 제안을 했다.

"심리상담이 개인 고객에게만 필요한 서비스라는 생각에서 벗어나 보시죠. 기업 고객들을 대상으로 접근해 보면 어떨까요?" B2B(Business-to-Business) 시장을 공략해 보자는 제안이었다.

처음 그는 내 제안을 듣고 의아한 표정을 지었다. 하지만 내가 기업 고객들이 겪는 현실적인 문제들을 구체적으로 설명하자 그의 태도는 점차 진지하게 바뀌었다.

나는 많은 기업 구성원들이 업무 스트레스, 번아웃, 팀 내 갈등, 대인관계 문제 등으로 어려움을 겪고 있으며, 이 문제들이 직원 개인의 정신 건강은 물론, 조직의 업무 효율성과 생산성에도 심각한 영향을 미친다고 설명했다. 또한 최근 트렌드를 보여주는 통계 자료를 인용하여 국내 기업의 70% 이상이 직원들의 정신 건강을 위한 전문가 서비스가 필요하다고 느낀다는 사실도 전달했다.

실제로 많은 기업들이 직원들의 정신 건강 관리와 스트레스 예방을 위한 전문적인 프로그램을 필요로 하지만, 자체적으로 전문 인력을 두기 어려운 게 현실이다. 그렇기에 외부 전문가를 통해 직원들의 심리적 안정과 스트레스 관리, 성격 유형에 따른 갈등 관리 등 다양한 프로그램을 제공받기를 원하고 있다.

이러한 배경을 토대로 나는 그와 함께 다음과 같은 구체적이고 실행 가능한 프로그램을 마련했다. 그리고 기업들에 적극적으로 제안하기 시작했다.

- 임직원 대상 맞춤형 스트레스 관리 및 번아웃 예방 워크숍
- 성격 유형 분석을 통한 팀 내 갈등 해소 및 협업 강화 프로그램
- 중간관리자 및 리더를 위한 심리 기반 리더십 코칭
- 임직원 개별 맞춤형 1:1 심리상담 서비스

이 프로그램들을 적극적으로 제안한 결과, 6개월 만에 두 곳의 기업 고객과 계약을 체결할 수 있었다. 이전에는 개인 고객 20명 정도만을 관리했지만, 기업의 임직원을 대상으로 스트레스 관리와 번아웃 예방을 위한 맞춤형 워크숍과 강연을 진행하면서 자연스럽게 개인 상담 고객도 늘었다. 워크숍에 참여한 직원들이 별도로 일대일 상담을 해오는 경우도 있었다. 그 결과 월평균 고객 수가 약 50명으로 증가했고, 기업 대상 프로그램을 통해 안정적이고 꾸준한 매출이 추가로 발생하면서 전체 매출이 6개월 만에 약 3배 증가

하는 성과를 거둘 수 있었다.

개인만을 대상으로 하는 서비스라고 한정하던 심리상담 역시 기업 고객으로 눈을 돌리자 훨씬 더 큰 규모와 안정성을 갖춘 사업 구조를 만들 수 있었던 것이다.

기존의 고정관념과 한계를 깨고 새로운 시장과 고객을 찾아야 한다. 지금 제공하는 제품이나 서비스가 정말 개인 고객만을 위한 것인지 한 번 더 고민해 보자. 시야를 넓히고 적극적으로 다른 시장을 바라보면 전혀 생각지 못한 기회가 나타날 수 있다.

이제부터 이렇게 질문을 던져보자.

"내 제품과 서비스는 정말 개인 고객에게만 필요한 것일까?"
"기업이나 조직 고객을 위한 방식으로 확장할 수는 없을까?"
"내 제품과 서비스를 기다리고 있는 새로운 고객이 있지 않을까?"

고객의 범위를 넓히는 것, 그것이 정체된 매출을 깨는 가장 빠른 출발점이다.

상품 구성을 확장하라

슈퍼마켓에서 물건을 살 때와 백화점에서 쇼핑할 때의 마음가짐이 다른 법이다. 슈퍼마켓에서는 필요한 것을 저렴하고 빠르게 구입하지만, 백화점에선 다르다. 조금 더 품질이 높고 고급스러운 제품을 기대한다. 가격은 비싸더라도 만족감은 더 크다고 믿는다. 고객의 마음속에는 이미 용도와 상황에 따라 명확히 구분된 구매 기준이 존재한다. 이것이 비즈니스에서 '상품 구성을 확장해야 하는 이유'의 출발점이다.

스타트업이나 프리랜서들의 경우, 흔히 단일 상품이나 서비스만 가지고 시장에 진입하려 한다. 막연한 저가형 대중 상품 혹은 현실성 없는 고가 서비스라는 양극단에 치우치기 쉽다. 여기서 중요한 질문을 던지고 싶다.

"단 하나의 상품으로 모든 고객의 마음을 얻을 수 있을까?"

쉽지 않다. 사람들은 저마다 다른 욕망과 니즈를 지니고 있기 때문에 하나의 상품으로 모두를 만족시키기는 어렵다. 성공적인 비즈니스란 특정 상품이나 서비스 자체가 아니라, 고객의 마음속에 다양한 선택지를 만들어 주는 데 있다.

상품을 다양화한다는 것이 종종 복잡하거나 어렵게 느껴질 수 있다. 하지만 반드시 실행해야 할 전략이다. 고객이 다양하듯, 상품 역시 다양한 고객의 필요와 기대를 만족시켜야 한다. 이를 위해 가장 효과적인 전략이 바로 프리미엄(Premium) 모델과 엔트리(Entry) 모델로 상품 구성을 다양화하는 것이다.

굳이 저가 제품을 만드는 이유

나는 사회초년병 시절에 글로벌 계측기 기업인 내쇼날인스트루먼트(National Instruments, NI)에서 세일즈 담당자로 일했다. 이 회사는 계측 장비 업계에서 잘 알려진 회사여서 성능이 뛰어난 고급형 계측기를 주력으로 판매했다. 보통의 고성능 계측기 가격은 수백에서 수천만 원대였다. 그런데 당시 나는 가끔씩 고객으로부터 조금 짜증나는 문의를 받곤 했다.

"내쇼날인스트루먼트 홈페이지를 보면 제품 라인 중에 69만 원짜리 계측기도 있던데, 왜 이런 제품은 소개 안 하고 항상 비싼 제품만 가져오는 겁니까?" 그 제품은 USB 연결 방식으로 노이즈가 많이 발생해서 정확도가 현저히 떨어지는 완전 엔트리급 모델이었다. 대학 연구실이나 소규모 실험실용으로는 적합했지만 기업 세일즈 담당자로서는 선뜻 권할 수 없는 수준이었다(계측기에서 노이즈는 정밀도를 훼손하는 치명적인 요소다).

나는 이렇게 싼 제품 라인업이 오히려 세일즈에 방해가 되고 소위 자기잠식 효과(cannibalization)가 발생한다고 생각하여, 바로 미국

본사에 문의했다.

"이렇게 저가 제품을 출시하시는 이유가 뭔가요? 기존 고객들이 고급형 말고 저렴한 제품으로 갈아타면 어떡하죠? 저희가 팔고 있는 프리미엄 제품 매출이 떨어질 것 같은데요?"

본사 담당자의 답변은 의외였다.

"그렇지 않습니다. 우리는 고객층을 확대하고자 합니다. 대학생들이나 작은 연구실 같은 엔트리 고객들이 처음 측정 장비를 구입할 때 우리 브랜드를 경험하게 만드는 것이 목적입니다. 처음 우리의 제품을 경험한 고객들이 나중에 고급형 제품으로 자연스럽게 이동하도록 만드는 거죠."

말문이 막혔다. 상품 다양화는 내가 걱정했던 '자기 잠식 효과'가 아니라 오히려 고객층을 확장하는 매우 전략적인 접근법이었던 것이다. 실제로 처음 USB 계측기를 구매한 고객들이 시간이 지나면서 점차 더 고성능의 프리미엄 제품을 찾는 것을 목격할 수 있었다. 엔트리 모델이 프리미엄 모델로 이어지는 고객 여정이 완성된 것이다.

하나의 프리미엄 제품은 극소수의 고객만을 위한 것으로 고객 확장이 어렵다. 반면 엔트리 제품만 있으면 수익성에 문제가 생길 수 있다. 프리미엄 제품과 엔트리 제품을 균형 있게 구성하면 고객은 처음부터 부담 없이 접근하여 시간이 지남에 따라 더 높은 가치의 제품을 구매하게 된다. 이렇게 하면 고객의 생애 가치를 높이고 지속 가능한 매출 구조를 구축할 수 있다(이에 대해서는 6장에서 상세히 다룬다).

미술 시장이 고객층을 확장하는 방법

미술 작품은 일반적으로 비싸고 접근하기 어려운 고가의 상품으로 분류된다. 유명 작가의 그림 한 점 가격은 수천만 원에서 수억 원에 달하기도 한다. 무명 작가들의 작품도 재료값 자체가 비싸기 때문에 선뜻 구입하기에 부담스러운 가격인 경우가 많다. 그렇다면 미술 시장은 부유층만의 전유물일까? 반드시 그렇지는 않다. 최근 몇몇 미술관과 아트 플랫폼은 작품 자체를 판매하는 대신 구독이라는 방식을 활용하여 고객의 접근성을 크게 높였다.

'오픈갤러리'라는 미술품 구독 서비스는 작품을 일정 기간 빌려주는 방식으로 운영된다. 구독료는 작품 가격의 일부에 불과해 고객은 비싼 작품을 선뜻 구매해야 하는 부담 없이 비교적 가벼운 비용으로 집이나 사무실에 작품을 걸어둘 수 있다. 이런 경험은 그동안 미술 시장과 거리가 있던 일반 소비자나 중소기업, 개인 사업장까지 새로운 고객으로 끌어들이는 역할을 한다. 실제로 구독을 통해 작품을 접한 뒤, 마음에 드는 작품을 구매로 이어가는 경우도 적지 않다. 상품 구성을 프리미엄 모델(작품 구매)과 엔트리 모델(구독 서비스)로 다양화함으로써 미술 시장 전체의 규모와 고객층이 확대된 것이다.

상품을 다양화하는 전략의 핵심은 고객에게 다양한 선택권을 제공하는 데 있다. 고객이 가진 예산이나 필요에 따라 선택할 수 있는 여러 상품군을 제공하면, 고객은 자연스럽게 당신의 브랜드 안에서 움직이게 된다. 처음에는 엔트리 모델을 선택한 고객이 상품의 가치와 만족감을 경험하면 점차 프리미엄 모델로 옮겨가게 된다.

따라서 프리미엄 상품과 엔트리 상품을 동시에 구성하는 전략은 고객층을 확대할 뿐 아니라 매출의 지속 가능성을 높이는 방법이다. 엔트리 상품이 고객을 끌어들이는 마중물 역할을 하고, 프리미엄 상품은 고객을 유지하고 장기적인 가치를 높이는 역할을 한다.

상품 구성을 점검해 보자. 단일 상품만 있다면 지금이 확장할 때다. 고객이 쉽게 접근하고 자연스럽게 더 높은 상품으로 이동할 수 있도록 설계하는 것, 이것이 지속 가능한 비즈니스를 설계하는 열쇠다.

판매 채널을 확장하라

나는 종종 창업자들과 만나 이야기를 나눌 때마다 묘한 기시감이 든다. 모두가 하나같이 입을 모아 "자사몰이 최고입니다. 유통 채널은 수수료가 너무 높고, 대기업의 갑질이 심하니까요"라고 말하기 때문이다. 실제로 스타트업 창업자들과 제조 기반의 중소기업들은 오직 자사몰 판매만을 고집하는 경우가 많다. 그들의 말처럼 유통 채널은 25%에서 많게는 50%에 이르는 수수료를 떼간다. 처음 들으면 당연히 억울한 생각이 든다. 내가 어렵게 만든 제품의 이익을 유통사가 손쉽게 가져가는 것처럼 느껴질 수밖에 없다. 이런 말을 들을 때마다 나는 이렇게 묻곤 한다.

“정말 유통 채널의 수수료는 그저 비용일 뿐일까요?”

조금 다른 관점으로 바라보자. 유통 채널이 과연 단지 비용, 또는 대기업의 갑질로만 치부될 문제일까? 물론 그런 면도 분명히 있고 개선의 여지도 충분히 있다. 하지만 유통 채널의 수수료는 광고비, 즉 ‘투자’에 가까운 성격도 갖고 있다. 상품을 팔기 위해서는 고객이 필요하다. 아무리 뛰어난 제품을 만들어도, 고객이 없다면 존재하지 않는 것과 같다. 고객의 유입이 없다면 수수료가 0%라도 의미 없다. 이것이 바로 유통 채널의 존재 이유다. 그들은 단지 물건을 중개하는 것이 아니라 고객을 끌어모으는 역할을 한다.

삼성전자는 자체적으로 온오프라인 매장을 운영할 수 있는 충분한 자금력과 브랜드 파워를 가지고 있다. 하지만 여전히 하이마트를 비롯한 다양한 유통 채널에도 제품을 공급한다. 대체 그 이유는 무엇일까?

군이 유통망 수수료를 감수하면서까지 외부 유통 채널을 적극 활용하는 이유는 이들 유통망들이 보유한 다양한 고객층과 시장을 놓치지 않고 최대한 확보하기 위해서다. 각각의 유통망은 저마다 고유한 틈새 시장과 충성 고객층을 보유하고 있다. 가령, 어떤 유통 채널은 기업고객 시장에 강점을 가지고 있고, 또 다른 채널은 공공기관 고객을, 또 어떤 곳은 특정 지역 고객층을 타깃으로 네트워크를 구축하고 있다. 삼성 혼자 이러한 다양한 고객층과 지역을 모두 직접 공략하고 관리하기란 현실적으로 어렵고 비효율적이다.

이렇듯 유통 채널을 다변화하고 확장하는 이유는 각 채널이 가진 고유한 시장을 효율적으로 확보하고, 궁극적으로 더 넓고 튼튼한 고객 기반을 만들기 위함이다. 이는 비단 대기업만의 이야기가 아니다. 브랜드 인지도가 상대적으로 낮고 자원이 부족한 스타트업이나 작은 제조사일수록 더욱 절실하게 필요한 판매 전략이다.

작은 액세서리 브랜드의 채널 다변화 성공기

작은 제조업체나 스타트업이 아무리 좋은 제품을 만들어도 고객들이 이를 모르면 매출은 일어나지 않는다. A사 역시 브랜드 인지도를 올리고 고객과의 접점을 확대하기 위해 무신사, 29CM, 오늘의집, 위시버킷, S.I.빌리지, YYK 등 다양한 유통 채널에 적극적으로 제품을 공급하고 있다. 처음에는 수수료가 큰 부담이었지만 결과는 기대 이상이었다. 다양한 채널을 통해 제품 노출이 크게 늘어나면서 브랜드 인지도가 상승했고, 매출 역시 눈에 띄게 성장했다.

유통 채널 입점 이후 A사 대표는 다음과 같이 말했다.

"처음엔 유통 채널 수수료가 너무 비싸다고만 생각했어요. 그런데 지금은 그 수수료가 오히려 브랜드를 알리고 고객을 확보하기 위한 가장 효율적인 광고비라는 사실을 깨달았습니다."

이러한 사고 전환은 최근 음식점을 운영하는 자영업자들 사이에서도 발견할 수 있다. 오프라인 식당은 매출이 한정적일 수밖에 없다. 그런데 최근 밀키트를 만들어 온라인 몰과 마켓컬리 같은 유통 채널에 판매하는 전략을 적극 활용하는 식당이 늘어나고 있다. 기존 오프라인에서 판매하던 메뉴를 집에서도 간편하게 요리할 수 있는 밀키트로 만들어, 온라인 유통망을 통해 전국적으로 판매하는 방식이다. 유통 채널에 밀키트를 공급하면서 매출이 오프라인 매출을 뛰어넘는 경우도 종종 있다.

비즈니스에서 가장 중요한 것은 고객 접점을 최대한 늘리고, 제품을 더 많은 사람들이 경험하게 만드는 것이다. 그런 의미에서 유통 채널 입점은 필수 선택이다. 고객의 발길이 끊이지 않는 백화점이나 온라인 쇼핑몰에 입점하는 것은 고객과의 만남을 극대화하는 최고의 전략이다. 스타트업과 제조 기반 기업일수록 자사몰에만 갇혀 있지 않고 더욱 넓은 유통망으로 확장해 나가야 한다.

마지막으로 이런 질문을 던지고 싶다.

"유통 채널 수수료는 과연 비용인가, 투자인가?"

이 질문의 답을 명확히 이해할 때 비로소 비즈니스의 가능성이 새롭게 펼쳐진다. 다양한 채널을 적극 활용하여 더 많은 고객을 만나고, 당신의 브랜드를 성장시킬 수 있는 전략을 마련해야 한다.

확장 전략 실전 연습

지금까지 다양한 사례를 통해 타깃 고객과 상품 구성, 그리고 판매 채널을 확장하는 방법을 살펴보았다. 그런데 이론으로만 충분하지 않다. 중요한 것은 "내 비즈니스에 이를 어떻게 적용하며, 얼마나 구체적으로 실행하느냐"이다. 지금부터는 직접 고객, 상품, 그리고 판매 채널을 세분화하고 확장할 수 있도록 간단한 방법과 워크시트를 소개한다.

'과자'라는 상품을 예로 들어 고객, 상품, 채널을 확장해 보자.

고객 확장

고객군의 경계를 허무는 것이 첫 번째 확장의 출발점이다.

고객 세분화	적용 가능한 고객군 예시
개인 소비자 (B2C)	어린이, 청소년, 대학생, 직장인, 주부, 노년층
기업 고객 (B2B)	사무실 간식 구독 서비스, 기업 선물 및 프로모션 상품, 군납(PX), 학교 매점
해외 고객 (Global)	해외 개인 소비자 구독 서비스, 해외 기업 복지 서비스

개인 소비자로 국한하지 않고, 기업이나 글로벌 시장까지 폭넓게 생각해 보자. 과자의 예처럼 군부대, 사무실, 해외 시장까지 고객군을 넓힐 수 있다면 안정적이고 큰 매출로 연결될 가능성이 커진다.

상품 확장

같은 상품도 형태를 바꾸거나 추가적인 부가가치를 부여하면 더 다양한 고객군을 공략할 수 있다.

상품 세분화	적용 가능한 상품 예시
기존 상품	일반 과자
프리미엄 상품	고급 패키지, 프리미엄 과자 선물 세트
B2B 맞춤 상품	대용량 패키지, 맞춤형 포장(기업 로고 삽입 등)
가공 상품	과자 선물 꾸러미, 구독형 과자 박스

상품 형태를 제한하지 말고 시장의 다양한 니즈에 맞게 변형하

고 확장하자. 같은 과자라도 일반 판매용, 프리미엄 선물용, 기업 고객 맞춤형 등으로 다양하게 세분화할 수 있다.

판매 채널 확장

판매 채널 역시 한 곳에 머무르지 않고 다양한 경로를 활용해야 한다.

판매 채널 세분화	적용 가능한 채널 예시
오프라인 채널	마트, 편의점, 군부대 PX, 학교 매점, 회사 사무실
온라인 채널	자사몰, 네이버 스마트스토어, 쿠팡, 컬리, 아마존(글로벌)
구독형 채널	기업 정기 구독 배송 서비스, 개인 소비자 구독형 서비스

삼성이 다양한 유통 채널을 통해 고객 접점을 확장하는 것처럼 작은 과자 제조 회사라도 온라인과 오프라인, 구독형 서비스 등 채널을 다양하게 확보하면 보다 많은 고객에게 접근할 수 있다.

실제 활용 워크시트

표1은 당신의 비즈니스에서 직접 고객, 상품, 채널을 세분화하고 확장할 수 있도록 돕는 워크시트다. 빈칸을 채우면서 실제로 적용해 보자.

워크시트를 작성하면서 자연스럽게 당신의 비즈니스에서 간과했던 다양한 기회를 발견할 수 있다. 처음에는 막막할 수 있지만, 한 번 시작하면 수많은 기회가 보일 것이다.

분류	세분화 항목	나의 비즈니스 적용 (직접 작성)
고객 세분화	개인 소비자	
	기업 고객	
	해외 고객	
상품 세분화	엔트리 상품	
	프리미엄 상품	
	B2B 맞춤 상품	
	가공 상품	
채널 세분화	오프라인 채널	
	온라인 채널	
	구독형 채널	

— **표1** —

로컬오누이의 확장 전략

앞에서 다뤘던 편호준 로컬오누이 대표의 사례는 '누구에게, 어디에 팔 것인가'를 고민하는 모든 비즈니스에 중요한 통찰을 제공한다. 앞에서 일부 소개했지만 좀 더 구체적으로 편 대표의 확장 전략을 살펴보자.

편 대표의 부모님은 30년 동안 멜론만 재배하며 지역 내에서 탄탄한 기반을 닦아왔다. 그러나 그 방식은 기존 도매 시장과 지역 소비자에 거의 전적으로 의존하는 단일 채널 구조였다. 단일 고객, 단일 상품, 단일 유통 방식, 즉 농협을 통한 멜론 도매 판매 방식은 안정적으로 보이지만, 작은 환경 변화에도 쉽게 흔들릴 수 있었다. 편 대표는 이 구조를 과감히 바꾸기를 원했고, 나는 그에게 이렇게 코칭했다.

"시장은 계속 변해요. 계란을 한 바구니에 담은 채로는 장기적인 성장을 기대할 수 없습니다. 고객과 상품과 채널을 복리처럼 확장해야 합니다."

그는 이 원칙을 누구보다 빠르게 이해하고 자기만의 방식으로 실천했다. 그 과정에서 편 대표가 내놓은 개념이 바로 '디지털 이력서'다. 디지털 이력서는 실제 문서 형태의 이력서가 아니다. 지난 수년간 멜론 재배, 상품 개발, 실패와 시행착오, 성공의 순간들을 SNS와 온라인에 꾸준히 기록해온 흔적 전체를 의미한다. 이런 기록은 단순 홍보와는 다른 힘을 갖고 있다. 그의 실행과 성과를 투명하게 보여주는 증거이자 새로운 고객과 채널을 끌어당기는 강력한 자산이 된다. 편 대표의 이야기를 들어보자.

"AI 시대에는 포장된 광고보다 '진짜 이야기'를 더 신뢰하는 것 같아요. 저는 꾸준히 실행하고 기록했어요. 그랬더니 사람들이 저를 먼저 찾기 시작했습니다."

그의 디지털 기록은 자연스럽게 신뢰를 만들었고, 그 신뢰는 새로운 시장을 여는 열쇠가 됐다. SNS 게시물 하나하나가 잠재 고객과 유통 파트너를 모아들이는 미끼 역할을 한 것이다. 이를 세일즈 관점에서 본다면, 그의 다각화 방식은 철저히 목적지향적이었다.

편 대표는 한국농수산식품유통공사(aT)와 같은 기관의 교육을 꾸준히 듣고 그때 만난 실무자, 센터장들과 자연스럽게 관계를 쌓았다. 이 네트워크는 그에게 새로운 판매 채널(수출 바우처, 기관 매칭 사업)과 고객 타깃(해외 바이어, B2B 가공 시장)으로 확장될 수 있는 기회를 가져다 주었다. 그는 어느 순간부터 더 이상 고객을 찾아다닐 필요가 없게 됐다. 기관 담당자, 수출 지원 매니저, 식품 전문가늘이 먼서 연락을 했고, 다양한 행사에서 평가위원, 멘토, 전문가 패널로 초청되기 시작했다. 이것이 바로 '네트워크 복리의 힘'이다.

그 복리의 결과, 로컬오누이의 비즈니스는 폭발적으로 확장됐다. 처음에는 멜론 생과 판매에 머물렀지만 이후에는 멜론 떡, 멜론 과육 가공 제품 등 신규 상품 개발, 백화점 납품, 온라인몰, 크라우드 펀딩, 태국, 싱가포르 수출 등 판매 채널 확장, 일반 소비자뿐 아니라 해외 바이어, 대형 유통업체, 식품 가공업체 등 고객 타킷 다층화로 구조적 성장을 이루게 됐다.

단일 고객, 단일 상품, 단일 채널에 의존하는 비즈니스는 외부 충격에 취약하다. 반대로, 고객, 상품, 채널을 확장할 때 기업은 보다 안정적이고 견고한 형태로 성장할 수 있다.

2장

고객은
기다리지 않는다
Outbound Sales

기다리지 말라. 먼저 다가가라

세일즈에서 가장 위험한 태도는 고객이 알아서 찾아오기를 기다리는 것이다. 흔히 빠지는 함정이 바로 여기에 있다. 정성들여 홈페이지를 만들고, 온라인 광고를 하고, SNS에 글을 올리면 고객이 줄지어 찾아올 것이라고 착각한다. 시장 상황이 좋을 때는 그런 방식이 먹힐 수도 있다. 고객이 우리 제품과 서비스에 관심을 가지고 먼저 연락을 해오고, 제품 설명도 묻기 전에 사겠다고 말해주는 환경은 모든 사업가가 꿈꾸는 유토피아다. 그러나 현실에서 그런 유토피아는 존재하지 않는다.

사업은 절대로 그렇게 만만하지 않다. 고객이 찾아오기만 기다리는 방식은 마치 천수답에서 비만 오기를 기다리는 농부와 같다. 비가 충분히 내리는 시기에는 문제가 없지만 가뭄이 들면 농부는 무방비 상태가 된다. 고객이 알아서 찾아오는 방식에만 의존하는 기업은 시장이 침체하거나 경쟁이 심해지면 큰 위기를 맞게 된다.

최근 내가 컨설팅했던 한 중견 광고대행사도 같은 문제를 겪고 있었다. 이 회사는 수년간 탄탄한 인지도와 평판 덕분에 굳이 세일즈를 직접 할 필요가 없었다. 광고 입찰이 꾸준히 이어졌고, 기존 고객들의 추천과 홈페이지 문의만으로 충분히 매출이 발생했다. 이런 상황이 계속되자 세일즈 담당자들은 새롭게 고객을 찾아 나서는 활동은 필요 없다고 여겼다.

그러나 최근 들어 광고대행사 시장이 급격히 어려워졌다. 저성장 기조가 이어지면서 기업들이 비용 절감을 이유로 광고 예산을 대폭 축소하거나 외부 대행사에 맡기는 대신 내부 팀을 꾸리는 사례가 늘었다. 상황이 악화되자 입찰 건수와 고객 문의가 급감했고, 경영진은 그제서야 뒤늦게 세일즈 담당자들에게 신규 고객을 적극적으로 발굴하라고 지시했다. 하지만 오랫동안 고객이 먼저 찾아오는 방식에만 익숙했던 담당자들은 직접 고객을 찾아 나서지 못했다. 아니, 방법을 몰랐다. 결국 회사는 심각한 매출 위기에 처했고, 그때서야 적극적인 세일즈의 필요성을 절실히 느꼈다.

이 사례는 우리에게 중요한 교훈을 준다. 시장의 날씨는 언제든지 바뀔 수 있다. 지금 잘 되는 방식이 내일도 작동할 것이라고 믿

어선 안 된다. 날씨에 맞게 우산도 양산도 필요하다. 고객을 확보하는 방법 또한 한 가지에만 의존해선 안 된다. 홍보와 마케팅에만 기대어 고객이 오기만 기다리는 소극적 자세에서 벗어나, 우리가 먼저 고객에게 적극적으로 다가가는 전략이 필요하다.

적극적으로 고객을 발굴하는 세일즈 방식은 시장이 어려워지고 경쟁이 치열할 때 강력한 힘을 발휘한다. 그렇다면 고객을 직접 찾아 나서는 세일즈를 성공적으로 하려면 어떻게 해야 할까? 3가지 핵심 원칙을 기억하면 충분히 좋은 결과를 얻을 수 있다.

첫째, 고객을 기다리는 수동적 사고에서 벗어나라. 세일즈의 성공은 올바른 마인드셋에서 시작된다. '고객이 우리 제품을 필요로 할 때 알아서 찾아올 것이다'라는 생각은 버려야 한다. 대신 '우리가 먼저 고객에게 다가가 그들이 미처 깨닫지 못한 필요를 발견해주고 해결책을 제시해야 한다'는 적극적 사고로 전환해야 한다. 이런 마인드셋 변화가 있어야 비로소 진정한 세일즈가 시작된다.

둘째, 세일즈 활동은 습관이다. 세일즈는 특별한 이벤트가 아니라 매일 반복되는 일상이 되어야 한다. 특정한 계기나 이벤트에만 의존하는 방식은 꾸준한 고객 관계를 만들지 못한다. 성공적인 세일즈는 매일 일정한 시간과 노력을 투자하는 습관에서 나온다.

나는 컨설팅했던 회사에게 매일 특정 시간대(가령, 오전 10시부터 12

시까지)에는 반드시 고객에게 먼저 연락하는 시간을 가질 것을 강력히 추천한다. 처음엔 어색하고 부담스럽게 느껴지겠지만, 매일 반복하면 자연스럽게 습관으로 자리 잡는다.

셋째, 고객을 분석하고 그들이 필요한 것을 먼저 제안하라. 적극적인 세일즈라고 해서 무작정 고객에게 전화하고 제품을 소개하라는 것은 아니다. 효과적인 세일즈는 고객을 분석하고 그들이 아직 깨닫지 못한 문제나 필요를 발견해서 구체적인 대안을 제시한다. 이를 위해서는 고객을 다음과 같이 세분화해 파악할 필요가 있다.

- 고객 프로파일링: 고객의 업종, 규모, 현재 상황, 잠재적 니즈를 사전에 파악하라.
- 문제 발견 능력: 고객이 인식하지 못한 개선점이나 기회를 찾아내라.
- 맞춤형 솔루션: 고객의 특성에 딱 맞는 해결책을 준비해서 제안하라.
- 신뢰성 확보: 데이터와 사례를 바탕으로 전문성을 입증하라.

이렇게 적극적으로 고객을 찾아 나서는 세일즈 습관을 꾸준히 실천하면 시장이 어려워질수록 더 강력한 경쟁력을 확보할 수 있다. 경쟁사들이 고객 감소로 어려움을 겪을 때 우리는 지속적으로 새로운 고객을 발굴하며 시장 점유율을 확대할 수 있기 때문이다. 평소에 쌓인 세일즈 역량과 고객 관계는 시장이 다시 회복될 때 폭발적인 성장의 밑거름이 된다.

세일즈로 다져진 비즈니스는 오래 간다. 마케팅이나 브랜드 인지도에만 의존한 조직은 시장에 어떤 큰 변화가 오면 충격을 받지만, 탄탄한 세일즈 역량을 갖춘 조직은 어떤 환경에서도 살아남아 성장할 수 있다. 오늘 당장 시작하지 않으면 내일은 더 늦다.

영업은 만나기 전에 시작된다

아웃바운드 세일즈, 즉 고객을 발굴하는 습관은 무작정 전화를 걸거나 이메일을 보내는 활동이 아니다. 고객과 만나기 전 얼마나 철저히 고객의 상황과 고민을 이해하고 준비했느냐가 성공의 열쇠다. 세일즈는 고객과의 의미 있는 연결을 만드는 데서 출발한다. 나는 오랜 세일즈 경험을 통해 이를 뼈저리게 경험했다. 고객에게 연락하기 전에 얼마나 세심하게 조사하고 준비했느냐에 따라 성공 확률이 확연히 달랐다. 이를 가장 잘 보여주는 사례가 바로 모바일 식권 플랫폼 식권대장에서 영업 이사로 일하던 시절의 경험이다.

당시 식권대장은 150명 규모의 한 외국계 기업을 고객으로 확보하기 위해 임원진을 대상으로 한 모바일 식권 서비스를 제안하는 공개 경쟁 프레젠테이션에 참여했다. 경쟁업체는 우리보다 규모도 훨씬 큰, 소위 업계에서 이름난 회사였다. 프레젠테이션에만 의존했다면 이기기 어려운 상황이었다.

나는 경쟁 프레젠테이션이 있기 훨씬 전부터 고객사를 철저히 조사하기 시작했다. 회사 홈페이지나 소개 자료는 기본이고 그 회사의 구체적인 비즈니스 환경, 직원들의 업무 특성, 조직 구성과 실제 불편사항까지 파악했다.

이를 통해 고객이 미처 인지하지 못했거나 명확히 인식하지 못하고 있던 문제를 선제적으로 발굴해 관심을 끌어내려 했다. 단지 고객의 연락처를 확보하고 전화를 거는 게 아니라, 고객이 스스로 귀 기울일 수밖에 없는 문제를 미리 파악하여 선제적으로 접근한 것이다.

우선 고객사의 산업 환경과 최근 이슈를 조사했다. 이 외국계 기업은 국내 진출한 지 얼마 되지 않았으며, 전체 직원의 절반 이상이 전국 각지에서 외근 업무를 주로 하는 세일즈 직무 담당자였다.

일반적으로 모바일 식권 서비스는 해당 기업의 사무실을 중심으로 반경 1km 내외의 식당들과 제휴를 맺는다. 이 방식은 점심시간에 사무실 근처에서 식사하는 일반 사무직 직원에게는 유용할지 몰라도, 전국을 돌아다니는 세일즈 담당자들에게는 현실적으로 활용하기 어려웠다. 그런데 경쟁사는 이러한 문제를 제대로 인식하지 못하고 있었다.

이를 확인한 후 나는 고객사의 담당자와 사전 미팅을 가졌다. 이 자리에서 고객이 실제 업무에서 겪고 있는 불편함과 고민을 구체적으로 나눌 수 있었다. 담당자 역시 내가 파악한 문제를 인식하고 있었지만 명확한 해결책을 찾지 못하고 있었다. 그래서 나는 다양한 프랜차이즈 식당 등 외부 매장과 제휴해 직원들이 언제 어디서든 자유롭게 식권을 사용할 수 있는 구체적인 해결책을 준비했다. 이후 이 핵심 포인트를 고객의 관심을 끌어낼 수 있는 메시지로 만들어 이메일을 작성했다.

> "안녕하세요, 담당자님. 귀사 세일즈 담당자분들은 외부 활동이 많아 기존 식권 서비스 이용에 불편함이 있으실 것 같습니다. 저희는 다양한 프랜차이즈 식당과 제휴해 언제 어디서든 편리하게 식권을 사용할 수 있는 방안을 마련했습니다. 이번 주에 잠시 만나 뵙고 이야기 나누면 좋겠습니다."

이메일 발송 직후 바로 전화를 걸어 다시 한번 미팅을 제안했고, 고객사는 관심을 보이며 즉시 미팅 일정을 잡았다. 이후 진행된 경쟁 프레젠테이션에서도 이 문제를 주요 이슈로 제시하며 구체적인 해결책을 전달했다. 결국 강력한 경쟁사를 누르고 계약을 성사시킬 수 있었다.

고객의 관심을 불러일으키는 핵심 주제를 발견하고 제시할 때 반드시 기억해야 할 3가지 원칙이 있다.

첫째, 우리가 제시하는 주제는 고객이 직면한 문제와 직접적인 관련성이 있어야 한다.

둘째, 고객이 흥미를 느끼고 자연스럽게 대화를 이어나갈 수 있는 내용이어야 한다.

셋째, 우리의 전문성과 데이터로 충분히 뒷받침되는 신뢰성 있는 내용이어야 한다.

세일즈의 성패는 고객과 만나기 전 단계에서 결정된다. 철저한 조사와 고객의 비즈니스 환경을 깊이 이해하고, 고객의 관심을 이끌어낼 핵심 메시지를 선제적으로 제시하는 것이 성공적인 세일즈의 출발점이다. 이렇게 완벽히 준비된 상태로 고객을 만나면 고객은 자연스럽게 당신의 말을 믿고 받아들일 수밖에 없다. 고객과의 만남 이전, 바로 지금부터 철저히 준비해야 하는 이유가 여기에 있다.

먼저 다가가는 세일즈 3단계 전략

세일즈를 처음 시작하는 사람들은 종종 준비 과정을 건너뛴 채 무작정 고객에게 전화를 걸거나 이메일을 보내곤 한다. 하지만 세일즈의 진짜 승부는 고객과의 첫 만남 전에 결정된다. 고객을 만나기 전에 얼마나 철저히 준비하는지가 가장 중요하다. 적극적으로 고객에게 먼저 다가서 성공하는 세일즈는 다음의 명확한 3단계를 통해 이루어져야 한다.

1단계. 철저한 프로파일링

고객을 '판매 대상'으로 보지 말고, 우리가 함께 문제를 해결할 수 있는 '파트너'로 봐야 한다. 고객과의 만남 전에 고객의 현재 상황과 고민을 누구보다 깊이 이해하는 것이 필요하다. 다음과 같은 방식으로 고객 정보를 사전에 철저히 조사해야 한다.

- 고객사의 최근 뉴스와 보도자료 분석: 고객이 최근 겪는 이슈나 추진 중인 사업, 주요 프로젝트가 무엇인지 뉴스 기사 등을 통해 미리 파악한다. 고객에게 접근할 수 있는 좋은 연결고리를 찾을 수도 있다.
- 고객사 공식 홈페이지와 사업보고서 분석: 고객사의 조직 구성, 핵심 사업 분야, 재무 상태 등 기본적인 정보를 조사한다.

특히 핵심 인물과 그들이 어떤 업무와 관심을 가지고 있는지를 파악하는 것이 중요하다.

- 고객사에 대한 사전 조사나 업계 관련자 인터뷰: 인터넷 자료만으로는 한계가 있다. 가능하다면 고객사의 내부 관계자 또는 그 회사와 일한 경험이 있는 사람과의 대화를 통해 고객의 실제 고민이나 내부 어려움 등을 더 깊숙이 알아낸다.

앞서 언급했던 식권대장이 좋은 사례다. 나는 외국계 기업과의 공개 경쟁 프레젠테이션을 앞두고 고객사의 영업직 비율이 매우 높아 외부 활동이 많다는 점, 그리고 회사 근처 일반 식당에서만 사용 가능한 기존 식권 서비스가 이들에게는 적합하지 않다는 문제를 찾아냈다. 이렇게 고객사의 핵심 고민과 문제점을 사전에 철저히 파악한 덕분에 우리는 경쟁 프레젠테이션에서 승리할 수 있었다.

2단계. 명확하고 간결한 이메일 보내기

철저한 고객 조사가 끝났다면 이제 고객에게 첫 연락을 시도할 차례다. 여기서 핵심은 고객이 무시하고 지나칠 수 없는 매력적인 이메일을 작성하는 것이다. 효과적인 세일즈 이메일의 구성 요소는 다음과 같다.

- 주목할 만한 제목: 고객이 이메일을 열어보고 싶게 만드는 구체적이고 흥미로운 제목을 작성한다. 단순히 "제안서 첨부" 같은 뻔한 제목이 아니라 "○○회사 재택근무 직원들의 식사비 지원 개선안"처럼 고객사 상황과 연결된 구체적 제목을 쓴다.
- 고객 맞춤형 도입부: 이메일 첫 문장에서 고객사에 대한 사전 조사 내용을 자연스럽게 언급하여 "우리 회사를 제대로 알고 있구나"라는 인상을 심어준다.
- 핵심 관심사 제시: 앞서 조사한 고객의 문제점이나 관심사를 바탕으로 고객이 "이건 우리가 고민하던 문제인데?"라고 생각할 만한 주제를 제시한다.
- 구체적인 만남 제안: 추상적인 협력 제안이 아니라 "30분간 간단한 미팅을 통해 구체적인 개선 방안을 말씀드리고 싶다"는 식으로 명확한 다음 단계를 제시한다.

식권 서비스 제안 이메일은 이렇게 작성했다. "○○회사의 높은 영업직 비율과 잦은 외부 활동을 고려할 때, 기존 식권 서비스의 활용도가 떨어질 수 있다는 점을 파악했습니다. 프랜차이즈 식당 제휴를 통한 새로운 식권 활용 방안을 30분간 간단히 말씀드리고 싶습니다."

3단계. 후속 전화로 확실하게 미팅 약속 잡기

이메일을 보내고 연락이 올 때까지 기다린다면, 하수다. 이미 고객의 이메일함은 넘쳐나고 당신의 메시지는 묻히기 쉽다. 이메일 발송 후 반드시 후속 전화를 걸어야 한다. 이때 이메일과 전화를 연계하여 고객에게 보다 명확하게 우리의 의지를 전달해야 한다.

- 이메일 발송 후에는 당일 혹은 다음 날 반드시 전화하여 이메일 수신 여부를 확인하고 후속 미팅을 제안한다.
- 전화 시 이메일에서 언급한 핵심 주제를 다시 한 번 강조해 고객에게 미팅의 필요성을 전달한다.
- 고객이 바쁘다고 거절할 경우를 대비해 여러 시간대의 선택지를 미리 준비해두고, 짧은 시간(30분 이내)이라도 만날 수 있다는 점을 강조한다.

예를 들어 나는 이메일을 통해 관심을 환기시키는 주제를 보낸 후, 바로 다음 날 고객에게 전화하여 이렇게 말했다.

"어제 이메일에서 말씀드린 프랜차이즈 식당 제휴를 통한 식권 활용 확대 방안을 직접 뵙고 더 자세히 말씀드리고 싶은데요. 이번 주 목요일 오후 2시에 잠깐 찾아뵐 수 있을까요?"

이처럼 이메일과 후속 전화를 함께 진행하면 고객이 메시지의 중요성을 확실히 인식하고 만남을 긍정적으로 받아들일 가능성이 높아진다.

세일즈의 성공은 체계적인 준비에서 나온다. 이 3단계를 꾸준히 실행하면 고객과의 첫 만남 성사 확률을 크게 높일 수 있다. 기억하라. 고객은 그냥 찾아오지 않는다. 고객이 오기만 기다리지 말고 먼저 적극적으로 고객에게 다가가라.

컨택하고 연결하고 관리하라

세일즈 담당자들이 겪는 공통적인 어려움 중 하나가 바로 "우리 고객이 누군지는 알겠는데, 누구에게 연락을 해야 할지 모르겠다"라는 고민이다. 정확히 말하자면, 고객의 존재는 인지하고 있지만 이메일 주소나 전화번호, 즉 컨택트 포인트를 확보하는 방법을 모른다는 것이다.

이는 사업을 시작한 지 얼마 되지 않은 스타트업 창업자들이니, 신규 시장에 진입하려는 기업들이 가장 힘들어하는 부분이기도 하다. 뛰어난 제품과 서비스를 갖추고 있음에도, 정확히 누구와 연락해야 하는지, 어떻게 고객과의 접점을 확보해야 하는지 몰라서 결국 소중한 기회를 놓치는 경우가 많다.

특히 B2B 시장에서는 연결 지점의 확보가 반드시 필요하다. B2C 시장과 달리 기업 고객은 더욱 체계적이고 신중하게 제품과 서비스를 평가한다. 따라서 B2B 시장에서는 고객과의 연결을 만들어내는 확실한 컨택트 포인트를 확보하는 것이 핵심이다. 아무리 뛰어난 제품과 서비스가 있어도 고객이 먼저 연락을 해오기를 기다리면 안 된다. 우리가 직접 고객과의 연결 지점, 즉 컨택트 포인트를 적극적으로 발굴해야 한다.

그러면 어떻게 고객과의 연결 지점을 찾고, 고객의 연락처를 체계적으로 확보할 수 있을까? 지금부터 그 구체적인 방법을 4단계로 나누어 소개한다.

1단계. 잠재 고객을 세분화하고 필터링하라

먼저, 당신이 가진 제품이나 서비스가 누구에게 필요한지 정의해야 한다. 예를 들어 '의약품용 냉장고'라는 의료기기를 판매하는 기업이라면 잠재 고객군은 대형병원, 종합병원, 전문 클리닉 등으로 세분화할 수 있다.

잠재 고객군	고객이 겪는 문제	우리 제품이 제공하는 가치
대형 병원	정확한 진단기기의 부족	고정밀 의료기기 제공
중소형 클리닉	효율적인 가격의 진단장비 필요	합리적인 가격대의 의료기기
연구소/대학	연구 데이터 정확성 부족	정확한 데이터 제공

2단계. 우선순위를 정하라

잠재 고객군을 세분화했다면, 이번에는 우선순위를 정해야 한다. 각 고객군에 따라 시장 규모, 접근성, 수익성, 구매 가능성 등 중요한 기준을 설정하여 점수를 매기고 우선순위를 매겨보자. 이를 통해 어디에 먼저 집중할지 판단할 수 있다.

고객군	시장규모 (1~5점)	접근성 (1~5점)	수익성 (1~5점)	구매 가능 성(1~5점)	합계	우선순위
대형병원	5	2	5	3	15	2순위
중소형 클리닉	3	5	4	4	16	1순위
연구소/ 대학	2	3	3	2	10	3순위

3단계. 컨택 포인트를 확보하라

잠재 고객군과 우선순위를 정했다면, 이제 실제로 고객에게 다가가기 위한 연락처를 확보해야 한다. 여기서 특히 중요한 점은 고객사 내부에서 '구매 결정권을 가진 담당자'가 누구인지 파악하는 것이다.

내가 컨설팅했던 의료기기 업체 나노라티스의 사례를 들어보자. 이 업체는 '의약품용 냉장고'를 판매했다. 많은 사람들은 흔히 '병원의 구매팀'이나 '의사'가 구매 결정자라고 생각한다. 하지만 실제로는 병원의 '약제팀'이 의약품 냉장고의 구매 및 관리에 대한 실질적인 결정권을 갖고 있다. 이렇게 진짜 결정권자가 누구인지 명확히 아는 것이 고객 연락처를 확보하는 데 매우 중요한 첫 단계다.

결정권자를 파악했다면, 이제는 그에 맞는 효과적인 검색 키워드를 설정하는 것이 중요하다. 막연히 '병원 연락처'라고 검색하는 대신, '병원 약제팀 연락처', '의료기관 약제과 담당자'와 같은 더 구체적이고 연관성이 높은 키워드를 사용하는 것이 효율적이다. 이처럼 정확한 키워드를 통해 불필요한 정보를 걸러내고, 빠르게 원하는 연락처를 확보할 수 있다.

업종별로 접근 방법도 달라야 한다. 예를 들어 금융기관을 대상으로 하는 세일즈라면 업계 관행을 이해할 필요가 있다. 일반적으로 금융기관들은 업무의 투명성과 공정성을 유지하기 위해 공개 입찰 방식을 선호한다. 따라서 "OO은행 입찰"과 같은 검색어로 입찰 공고를 찾으면 담당 부서 및 담당자의 연락처와 이메일 정보를 비교적 쉽게 얻을 수 있다.

타깃과 연관된 핵심 키워드를 선정하는 이 작은 차이가 정확한 연락처를 얻을 수 있는 핵심 노하우다.

4단계. 컨택트 포인트를 기록하고 관리하라

표2는 고객 컨택트 포인트를 체계적으로 관리하기 위한 예시다. 실제로 고객의 컨택트 포인트를 조사하고 확보한 후에는 이를 엑

고객군	고객사명	담당자명	연락처	이메일	비고
의원급	서울 내과의원	김영수 원장	010– 1234–5678	drkim@example.com	이메일 발송 완료
의원급	강남 정형외과	이정훈 원장	010– 2345–6789	drlee@example.com	미팅 예정
대형병원	서울 종합병원	홍길동	02– 5678–1234	pharmteam@example.com	첫 컨택 준비

— 표2 —

셀이나 CRM(Customer Relationship Management, 고객관계관리) 시스템에 기록하고 관리하는 것이 반드시 필요하다. 표에 보이는 것처럼 고객의 소속 회사와 담당자 이름, 연락처와 이메일 주소, 그리고 진행 상황과 특이사항을 비고란에 꼼꼼하게 기록하면 추후 지속적인 후속 조치와 효과적인 고객 관리가 가능해진다.

이렇게 기록된 고객 정보는 장기적으로 유의미한 비즈니스 자산이자 고객 데이터베이스로 활용할 수 있다. 꾸준히 업데이트하고 관리하면 고객의 구매 이력이나 반응 패턴 등을 추적할 수 있어 더욱 정교한 세일즈 전략 수립이 가능하다. 궁극적으로는 안정적이고 지속 가능한 매출 성장으로 연결될 것이다.

기업들이 B2B 고객과의 접점을 확보하는 데 어려움을 겪는 이유는 명확한 방법론이나 체계 없이 막연하게 접근하기 때문이다. 지금까지 제시한 프레임워크를 따라 고객 컨택트 포인트를 하나씩 찾아가다 보면 막연했던 아웃바운드 세일즈가 보다 구체적이고 실행 가능한 업무로 바뀌게 될 것이다.

이제 방법은 손에 쥐었다. 남은 일은 직접 실천하는 것뿐이다. 고객과의 첫 번째 연결은 그렇게 어렵거나 특별한 것이 아니다. 제시된 절차에 따라 차분히 접근하면, 지금보다 더 확실하고 안정적인 고객 접점을 만들어갈 수 있다.

반드시 답장을 받는 이메일 작성법

"이메일을 수십 통이나 보냈는데 왜 고객에게서 단 한 번의 회신도 없을까요?"

세일즈를 처음 시작하는 사람들이 흔히 겪는 고민이다. 이메일 한 통을 보내기 위해 많은 시간을 투자했는데 고객으로부터 아무런 답장이 없다면 누구나 실망과 좌절을 느끼게 된다. 하지만 이는 당신의 제품이나 서비스에 문제가 있어서가 아니다. 진짜 문제는 고객이 당신의 이메일을 '스팸'으로 인식했기 때문이다. 고객은 매일 수십 통의 이메일을 받기 때문에 스팸 메일은 열어보지도 않고 삭제하기 쉽다.

먼저 잘못 작성된 이메일 사례를 보면서 그 이유를 살펴보자.

무엇이 문제일까?

이 이메일이 답장을 받지 못하는 이유는 문장 표현의 문제가 아니다. 고객의 입장에서 메일을 여는 순간을 떠올려보면 문제가 보인다. 고객은 가장 먼저 이렇게 궁금해한다. "이 메일이 왜 나에게 온 거지?"

하지만 이 이메일에는 그에 대한 설명이 없다. 어떤 계기로 연락했는지, 나와 어떤 관련이 있는지에 대한 '맥락'이 빠져 있다. 그 결과 고객은 내용을 읽기도 전에 '나와 무관한 메일'로 판단하고 넘겨버린다.

또 고객이 확인하고 싶은 것은 내 업무와의 연관성이다.

"그래서, 이 내용이 지금 내 상황과 관련 있는 이야기인가?"

그러나 메일에는 고객이 겪고 있을 문제나 현실에 대한 언급이 없다. '제품 성능이 뛰어나다', '비용을 절감할 수 있다'는 말만 있을 뿐, 그 장점이 고객의 상황과 어떻게 연결되는지는 설명되지 않는다.

마지막으로 신뢰의 문제다. '고객 만족도가 높다'는 표현은 있으나, 이를 뒷받침할 사례나 숫자가 없다. 결국 고객은 이 제안이 실

제로 검증된 것인지 판단할 근거를 얻지 못한 채 메일을 닫게 된
다.

그렇다면 좋은 이메일은 어떻게 작성해야 할까? 좋은 이메일 사
례를 살펴보자.

좋은 이메일 사례:	
안녕하세요, 대표님. 최근 귀사의 디지털 혁신 프로젝트 기사를 매우 흥미롭게 보았습니다.	연결고리
최근 6개월간 데이터를 분석한 결과, 많은 기업들이 디지털 혁신 과정에서 기존 시스템과의 통합 문제로 예상보다 더 큰 운영 비효율과 비용 증가를 겪고 있는 것으로 나타났습니다. 귀사도 비슷한 문제를 겪고 계실 것으로 생각되어, 이에 대한 구체적이고 즉시 실행 가능한 해결 방법을 제안드리고자 합니다.	AS-IS, TO-BE
실제로 저희 고객사들은 평균 25% 이상 업무 효율성을 높였습니다.	고객 사례
다음 주 화요일 오후 2시 또는 수요일 오전 11시 중 가능한 시간에 20분 정도 찾아뵙고 간략히 설명드리겠습니다.	콜투액션 (CTA)

무엇이 좋은가?

첫째, 명확한 연결고리를 제시했다. "최근 귀사의 디지털 혁신 프로젝트 기사를 매우 흥미롭게 보았습니다"라는 문장으로 고객과의 접점을 확실하게 만들었다. 이를 통해 고객은 '왜 이 이메일이 나에게 왔는지' 이해할 수 있고 스팸이 아닌 의미 있는 연락이라고 인식한다.

둘째, 고객의 현재 상황(AS-IS)과 해결 방향(TO-BE)을 구체적으로 제시했다. "디지털 혁신 과정에서 기존 시스템과의 통합 문제로 운영 비효율과 비용 증가를 겪고 있다"고 현재 문제를 짚어내고 "구체적이고 즉시 실행 가능한 해결 방법을 제안하겠다"며 명확한 해결책을 암시했다. 고객은 자신의 상황에 대한 공감을 느끼며 자연스럽게 관심을 갖게 된다.

셋째, 신뢰할 수 있는 구체적인 성과를 제시했다. "저희 고객사들은 평균 25% 이상 업무 효율성을 높였습니다"라는 구체적인 수치를 통해 실제 성과를 보여줌으로써 신뢰성을 확보했다.

넷째, 명확하고 구체적인 행동 요청을 했다. "다음 주 화요일 오후 2시에 20분 정도 온라인 미팅"이라고 구체적인 날짜, 시간, 방식, 소요 시간까지 명시했다. 고객은 정확히 무엇을 해야 하는지 알 수 있어 실제 행동으로 이어질 가능성이 높다.

지금까지 살펴본 좋은 이메일과 나쁜 이메일 사례를 통해 고객이 반드시 답장하고 싶게 만드는 이메일의 공통적인 구조를 다음과 같이 정리할 수 있다. 고객이 반드시 답장하고 싶게 만드는 이메일을 작성하려면 다음과 같은 명확한 4단계 구조를 따라야 한다.

첫 연락 이메일 4단 구조
① 수신자와의 연결고리 제시 (Acquaintance)
② 상대의 문제와 해결책 암시 (AS-IS, TO-BE)

③ 신뢰를 높이는 고객 사례 (Reference)

④ 명확한 행동 요청 (Call-To-Action)

하나씩 살펴보자.

첫째, 수신자와의 연결고리 제시. 사실상 이 부분이 가장 중요하다. 이메일을 보낼 때 가장 염두에 두어야 하는 것은 바로 고객이 이메일을 열어볼 명분을 제공하는 것이다. 고객은 '왜 나에게 이 이메일이 왔는가?'를 제일 먼저 확인하려 한다. 따라서 고객과의 연결점을 구체적으로 제시해야 한다.

연결고리는 다음과 같은 예시를 참고해 작성하면 좋다.

- "최근 대표님의 매거진 인터뷰를 매우 인상 깊게 보았습니다."
- "지난달 열린 OO 세미나에서 대표님의 발표를 듣고 깊은 인상을 받았습니다."
- "얼마 전 코엑스 전시회 때 귀사의 부스에 방문했었습니다.
- "매일경제신문에서 신규 서비스를 론칭했다는 기사를 보았습니다."

이런 연결점은 고객의 경계심을 낮추고, 이메일을 더 읽도록 유도하는 역할을 한다. 직접적인 인연이 없더라도 어떻게든 인연이나 연결고리를 만드는 노력이 중요하다. 그래야 스팸 취급을 받지 않는다.

둘째, 상대의 문제와 해결책 암시. 연결점을 제시한 후, 고객이 실제로 겪고 있는 문제를 정확하게 언급해야 한다. 고객이 가진 문제(AS-IS)를 명확히 지적한 뒤, 우리가 제공할 수 있는 확실한 해결책(TO-BE)을 함께 제시한다.

예를 들어, 다음과 같은 구조로 작성할 수 있다.

- "최근 6개월간의 데이터를 분석한 결과, 귀사의 브랜드가 경쟁사 대비 Z세대 소비자들에게 충분히 매력적으로 다가가지 못하고 있다는 사실을 발견했습니다. 이를 해결하기 위해 광고 전략에 즉시 반영할 수 있는 3가지 핵심 포인트를 준비했습니다. 이에 대해 논의하면 좋겠습니다."
- "최근 귀사가 진행한 마케팅 캠페인의 한계점과 개선점을 분석하여, 귀사의 신규 캠페인이 성공할 수 있는 차별화 전략을 마련했습니다. 지금 바로 적용 가능한 구체적인 전략을 공유해드리고자 합니다."
- "소비자들이 귀사의 제품을 구매 직전 포기하는 데에는 명확한 이유가 있습니다. 귀사의 구매 전환율을 빠르게 높이기

위해 고객이 끝까지 구매를 완료할 수 있도록 유도하는 실질적인 전략을 준비했습니다."

고객은 자신이 겪고 있는 문제에 대해 공감을 보여주고 앞으로 제시될 해결책을 궁금해하게 된다.

셋째, 신뢰를 높이는 고객 사례. 고객의 관심을 끌었다면 다음은 신뢰를 쌓을 차례다. 고객은 항상 다른 기업들이 어떻게 하고 있는지 궁금해한다. 그렇기 때문에 유사한 문제를 성공적으로 해결한 실제 사례나 구체적인 성과를 보여주어 고객의 신뢰를 얻는 것이 핵심이다. 특히 숫자나 구체적인 결과를 제시하면 더욱 효과적이다.

- "최근 A사는 저희 서비스를 통해 운영 비용을 25% 절감하고, 업무 효율성을 크게 높였습니다."
- "B기업은 저희 솔루션을 적용한 이후 고객 전환율을 40% 개선했습니다."

넷째, 명확한 행동 요청. 이메일의 마지막은 반드시 고객이 어떤 행동을 취해야 하는지 명확히 제시해야 한다. 고객이 이메일을 읽고 난 후, 다음 단계가 무엇인지 정확히 알 수 있도록 구체적이고 간단하게 요청한다.

- "잠깐 찾아뵙겠습니다. 다음 주 화/수요일 중 언제가 편하신 지요?"
- "이번 주 목요일 오후 2시에 20분 정도 온라인 미팅 가능하 실까요?"
- "다음 주 월요일 점심시간에 찾아뵙도록 하겠습니다. 간단히 식사하시면서 말씀 나누고 싶습니다."
- "첨부한 간략한 제안서를 확인해 주시면 내일 다시 연락드리 겠습니다."

행동 요청이 명확하고 구체적일수록 고객은 자연스럽게 다음 단계로 나아가게 된다. 고객이 이메일을 읽고 어떤 행동을 해야 할지 고민하거나 망설이지 않도록, 반드시 구체적이고 명료한 요청을 던져야 한다.

처음 연락하는 이메일이 답장을 받지 못하는 이유는 대부분 이메일의 '구조'가 잘못됐기 때문이다. 고객과의 연결점, 고객의 실질적인 문제와 해결 방향 암시, 고객 사례, 그리고 명확한 행동 요청만 확실히 지킨다면 당신의 이메일이 스팸으로 인식되는 일은 없다.

당신이 기업 고객에게 모바일 식권 서비스를 소개하고 미팅 약속을 잡기 위한 첫 연락 이메일을 작성한다고 가정해 보자. 다음은 효과적인 이메일 작성을 위한 4단계 구성 방식을 실제 사례를 들어 구체적으로 작성한 샘플이다.

구성요소	설명	예시
① **수신자와의 연결고리**	수신자와 연결된 배경이나 이유를 명시한다. (연결고리)	"지난달 세미나에서 귀하의 강연을 인상 깊게 들었습니다."
② **상대의 문제와 해결책 암시**	고객의 문제(AS-IS)를 지적하고, 대안(TO-BE)을 제안한다.	"현재 종이 식권으로 정산에 3일이나 소요되는 문제를 저희 모바일 식권으로 즉시 해결할 수 있습니다."
③ **고객 사례**	관련 고객 사례가 있으면 언급한다.	"저희 고객인 OO기업의 경우 모바일 식권 도입으로 회사의 비용 절감과 직원 만족도를 높였습니다."
④ **콜투액션 (CTA)**	고객이 다음에 해야 할 행동을 구체적으로 요청한다.	"다음 주 월요일에 괜찮으시면 15분 정도 간단히 전화드리겠습니다."

고객을 유혹하는 스크립트

"막상 고객에게 전화를 걸려고 하면, 갑자기 가슴이 뛰고 머릿속이 하얘져요."

세일즈를 시작하는 사람이라면 누구나 이런 경험을 한 번쯤 겪는다. 특히 고객이 냉담한 목소리로 "관심 없습니다"라고 끊어버리면 그 순간의 차가움은 트라우마로 남아 다음 전화까지 두렵게 만든다.

왜 고객과의 첫 통화가 이토록 두려운 것일까? 우리가 무의식적으로 '전화로 고객을 설득해야 한다'고 생각하기 때문이다. 이런 생각은 이제 버리자. 전화의 목적은 설득이 아니라 미팅 약속을 잡는 것이다. 짧은 전화로 모든 것을 해결하려면 실패할 수밖에 없다. 우리에게 필요한 것은 고객과의 담백한 대화를 통해 자연스럽게 미팅 약속을 잡는 것이다.

그래서 중요한 것이 콜 스크립트다. 구조를 명확히 정리한 스크립트가 있다면, 어떤 고객에게 전화를 걸든 두렵지 않다. 다만 스크립트를 무작정 보고 읽는 것이 아니라, 고객과의 자연스러운 대화를 이끌어가기 위한 가이드로 활용하자.

먼저, 바람직하지 않은 콜 스크립트와 바람직한 콜 스크립트를 비교해 보면서 어떻게 전화를 걸어야 할지 떠올려 보자.

사례. 종이 식권 → 모바일 식권 전환 제안

좋지 않은 콜 스크립트:

"안녕하세요 고객님, 저희는 모바일 식권을 서비스하는 회사입니다. 저희 식권은 분실 염려도 없고, 사용 내역을 실시간으로 모니터링할 수 있어서 편리합니다. 서비스 평판도 좋으니까 한번 써보세요."

무엇이 문제인가?

이 콜드콜이 나쁜 이유는 고객과의 연결고리가 없기 때문이다.

고객의 구체적인 상황이나 문제를 공감하는 대신 무작정 제품의 특성만 강조하고 있다. 고객은 자신의 문제를 이해하지 못하는 세일즈 전화를 부담스럽게 느끼게 된다. 또한 일방적인 제품 자랑만 하고 있어서 고객이 실제 겪는 문제나 불편함에 대한 언급이 부족하다. 따라서 자신이 왜 이 서비스를 사용해야 하는지 명확하게 이해하지 못한다. 게다가 "한 번 써보세요"라는 모호한 제안만으로는 고객이 다음에 무엇을 해야 할지 구체적으로 알 수 없으며, 미팅을 잡는 등의 명확한 콜투액션(CTA, 행동요청)도 부족하다. 마지막으로, 서비스 평판이 좋다는 주장만 있을 뿐 구체적인 고객 사례나 신뢰할 만한 근거가 제시되지 않아 고객은 의심과 불신을 가지게 된다. 이 스크립트는 다음과 같이 바꿀 수 있다.

좋은 콜 스크립트	
"안녕하세요, 총무팀 담당자님 맞으시죠? 다름이 아니라 회사 앞 원할머니보쌈 가게에서 아직 종이 식권을 쓰신다고 들었습니다."	연결고리
"종이 식권을 쓰시면 매달 정산하실 때 일일이 세고 확인하시느라 번거로우셨을 텐데요. 저희 모바일 식권을 사용하시면 실시간으로 사용 내역이 자동 정산되어 정산 시간을 획기적으로 줄일 수 있습니다."	AS-IS, TO-BE
"이번 주 목요일 또는 금요일 중 20분 정도만 잠시 찾아뵙고 핵심 내용만 간략히 설명드리고자 합니다. 가능하신 시간대를 알려주시면 그에 맞춰 방문드리겠습니다."	콜투액션 (CTA)

사례. 컨설팅 업체의 신규 고객 발굴을 위한 콜드콜

"안녕하세요, 직원 만족도 향상 컨설팅 회사입니다. 저희 프로그램을 쓰시면 직원 만족도와 업무 효율이 높아지고 이직률도 줄어듭니다. 인기 많은 프로그램이라서 꼭 이용해 보시면 좋겠습니다. 미팅을 잡아드릴까요?"

이 콜드콜 역시 고객과의 공감이나 연결이 없다. 고객이 실제 겪고 있는 문제나 상황에 대한 이해와 언급 없이, 일방적으로 자사의 제품 특징과 장점만을 나열하고 있다. 또한 미팅 요청도 구체적이지 않고 모호해 고객의 입장에서 즉시 행동으로 옮기기 어렵다. 이렇게 고객의 상황을 무시한 일방적 접근은 결국 고객의 관심을 끌지 못하고, 방어적인 태도를 불러일으켜 전화를 빠르게 끊게 만든다. 좋은 콜드콜은 아래처럼 해야 한다.

좋은 콜 스크립트	
"안녕하세요, ○○기업 인사팀 ○○님 맞으시죠? 얼마 전 링크드인에서 올리신 직원 복지와 만족도 향상에 대한 글을 인상 깊게 봤습니다."	연결고리
"많은 기업들이 직원 이직률 때문에 고민하고 계신데요. 저희가 직원들의 의견을 분석한 데이터 기반의 솔루션으로 평균 이직률을 효과적으로 줄일 수 있습니다."	AS-IS, TO-BE

"마침 내일 판교에 갈 일이 있는데, 오후 시간에 잠깐 들러도 되겠습니까?"	콜투액션 (CTA)

지금까지 내용을 3단계로 정리해 보자.

1단계. 짧은 연결고리로 고객의 경계심 낮추기

전화의 첫 문장에서는 반드시 고객이 관심을 가질 만한 연결고리를 제시해야 한다. 고객이 전화를 받는 순간 가장 먼저 궁금해하는 것은 "도대체 이 사람이 왜 나에게 전화를 했을까?"이다. 따라서 처음부터 무작정 제품이나 서비스 이야기를 하지 말고, 짧고 자연스러운 연결고리로 대화를 시작해야 한다.

- "안녕하세요, ○○기업의 OO팀장님 맞으시죠? 최근에 OO 매거진에서 인터뷰하신 내용 잘 봤습니다."
- "얼마 전 ○○전시회에서 명함을 나눴던 ○○기업 OO팀장님 이시죠?"
- "링크드인에서 최근 올리신 글이 인상 깊어 연락드렸습니다."

이렇게 연결고리를 제시하면 고객의 경계심을 낮추고 자연스럽게 관심을 유도할 수 있다.

2단계. 고객이 겪고 있는 문제와 간단한 해결책 제시하기

다음으로는 고객이 겪고 있을 만한 문제를 짚어주고, 그 문제에 대한 명확한 해결책이 있음을 암시해야 한다.

여기서는 최대한 짧고 명확하게 말하는 것이 중요하다. 고객이 전화를 받는 순간, "이 사람이 우리 상황을 잘 알고 있구나"라는 공감을 느껴야 한다.

- "최근 종이 식권을 쓰시는 많은 기업들이 월말 정산 때문에 골치 아파하시던데 저희 모바일 식권으로 실시간 자동 정산을 도와드리고 있습니다."
- "많은 기업이 직원들의 이직률과 업무 스트레스로 고민하시는데, 저희는 이직률을 효과적으로 줄인 검증된 심리상담 솔루션을 가지고 있습니다.

이렇게 하면 고객은 즉시 자신의 문제를 이해하고 있는 사람과 대화하고 있다는 인상을 받는다.

3단계. 명확한 미팅 요청하기 (콜투액션)

전화의 마지막 단계에서는 명확하게 미팅 약속을 요청한다. 전화로 복잡한 내용을 다 전달하려고 하지 말고, 명확한 시간과 방법을 제안하여 짧고 간결하게 미팅을 잡는 데 초점을 맞춰야 한다.

다음과 같은 방식이 효과적이다.

- "이 부분을 자세히 말씀드리고 싶은데, 이번 주 목요일이나 금요일 중 20분 정도 시간 가능하신가요?"
- "잠깐 찾아뵙고 구체적인 내용을 말씀드리고 싶은데, 내일 오후나 모레 오전 중 언제가 괜찮으세요?"

미팅을 부르는 작은 요령들

한 번의 전화로 세일즈가 성사되기는 매우 어렵다. 고객과 직접 만나야만 진정한 의미의 세일즈가 가능해진다. 미팅 약속을 확실하게 잡기 위해 4가지 팁을 소개한다.

- 직설적으로 접근하기: 모호하게 제안하지 말고 구체적인 미팅 날짜와 시간을 먼저 제안하라. 예) "이번 주 목요일 오후 3시에 20분 정도 미팅 가능하실까요?"
- 간절한 태도로 요청하기: 당신이 이 미팅을 얼마나 중요하게 생각하는지 진심 어린 태도로 전달하라. 예) "이 주제가 고객님께 꼭 필요한 해결책이라고 확신하기에, 직접 만나 말씀드리고 싶습니다."
- 양자택일 방식으로 선택권을 좁히기: 고객에게 두 가지 구체적인 시간대를 제시하여 선택하도록 유도하라. 예) "화요일

오후 2시와 수요일 오전 10시 중 어느 시간이 편하신가요?"

• 멀티채널 전략으로 접근하기: 이메일로만 연락을 남기지 말고 이메일 발송 후 즉시 전화로 추가 확인과 제안을 하라.

성공하는 아웃바운드 세일즈

앞서 잠시 살펴본 중견 광고대행사는 어떻게 됐을까? 이 회사는 시대의 변화에 어려움을 마주하고 있었다. 경기 침체가 계속되다 보니 자연스럽게 입찰 요청 메일은 눈에 띄게 줄었고, 회사는 처음 겪어보는 매출 공백 앞에서 위기감을 느끼기 시작했다.

이 회사가 다시 성장 궤도에 오를 수 있도록 하기 위해, 나는 먼저 아웃바운드 세일즈 전략을 제시했다. 아웃바운드 세일즈에서 가장 먼저 필요한 것은 새로운 고객을 타겟팅하고 프로파일링하는 것이다.

그동안 이 회사는 "광고가 필요해 보이는 회사"를 넓고 모호하게 바라보고 있었다. 지금의 시장에서는 이 방식이 더 이상 효과적이지 않았다. 그래서 우리는 특정 산업군을 세분화하고, 깊이 있게 공략하는 버티컬 시장(Vertical Market) 전략을 선택했다. 컨설팅을 통해 여러 후보군을 검토한 끝에, 우리가 현실적으로 전문성을 확보할 수 있고 시장 수요도 꾸준한 두 가지 버티컬을 선정했다.

첫째, 최근 투자 유치로 성장이 요구되는 '시리즈 B 단계의 B2B SaaS 스타트업'[*]

둘째, 고령화로 꾸준히 성장하고 있지만 디지털 마케팅 역량이 부

---

[*] 시리즈 B 단계의 스타트업은 이미 제품, 시장 적합성(Product Market Fit)을 검증한 상태이며, 투자금을 바탕으로 본격적인 성장(Scale-up)이 요구되는 시점이다. 이 단계에서는 신규 고객 획득, 브랜드 강화, 시장 확장 등 마케팅, 광고 투자에 대한 필요가 증가한다. 즉, 예산도 있고 니즈도 뚜렷해 광고 대행사가 제안할 여지가 큰 시장이다.

족한 '프리미엄 실버, 시니어 산업'

우리는 매일 오전 1시간을 '아웃바운드 세일즈 시간'으로 지정했다. 평소 안하던 것을 하는 습관으로 만들기 위해서는 일정 기간 동안 필수 업무 과제로 시간을 지정(Time Blocking)할 필요가 있었다. 또한 기존처럼 회사 소개서만 달랑 보내는 것은 피했다. 대신 각 산업군이 실제로 겪는 고민을 기반으로 한 맞춤형 이메일을 작성했다. 예를 들어 시리즈 B 단계 스타트업에는 이렇게 접근했다.

"투자 유치 이후 스케일업 과정에서 마케팅 효율을 높이는 것이 중요한 과제일 것으로 보입니다. CAC(Customer Acquisition Cost, 고객 획득 비용)를 낮추고 LTV(Lifetime Value, 고객 생애 가치)를 높이는 구조를 함께 고민해보고자 합니다."

또 다른 버티컬인 실버 산업 기업에는 이렇게 제안했다.

"최근 액티브 시니어의 디지털 소비 패턴을 분석한 자료가 있어, 귀사의 고객 세그먼트와 연결해볼 수 있을 것 같습니다. 관련 내용을 간단히 공유드리고 싶습니다."

고객의 상황을 구체적으로 언급하자 "한 번 만나서 이야기해보자"라는 회신이 오기 시작했다.

아웃바운드 세일즈를 시도한 지 3개월이 지나자 신규 프로젝트 2건을 수주할 수 있었다. 아웃바운드 세일즈는 무작정 많은 기업에 연락하는 방식이 아니다. 모든 업종을 다 노리는 제너럴리스트에서 벗어나 특정 버티컬에서 고객의 언어로 대화할 수 있는 스페셜리스트로 전환될 때 비로소 아웃바운드 세일즈가 힘을 갖게 된다.

3장

팔지 마라, 찾게 하라
Inbound Sales

나만의 서사가 최고의 무기다

세일즈를 하다 보면 누구나 비슷한 고민을 하게 된다.

"고객이 스스로 찾아오도록 만들 수는 없을까?"

앞서 2장에서는 적극적으로 고객에게 다가가고, 먼저 연락을 취하는 전략을 집중적으로 다루었다. 이 방식은 노력을 기울인 만큼 빠르고 분명한 결과를 얻을 수 있다는 장점이 있다. 무엇보다도 고객과 직접 소통하면서 그들의 진짜 고민과 요구사항을 정확하게 이해할 수 있어서 예나 지금이나 가장 강력한 세일즈 방법 중 하나다.

하지만 모든 고객이 이런 적극적인 접근에 긍정적으로 반응하는 것은 아니다. 요즘 고객들은 수많은 전화와 이메일, 광고 메시지에 이미 지쳐 있다. 아무리 좋은 제안을 해도 "또 뭔가 팔려고 연락했구나…"라는 불편한 감정을 느끼는 순간, 우리의 진심과 가치는 순식간에 사라진다.

이런 이유로 고객이 거부감 없이 스스로 찾아오도록 만드는 방식이 필요하다. 요즘 고객들은 자신의 문제를 해결하기 위해 적극적으로 정보를 찾아 나선다. 바로 이때, 우리가 미리 준비한 콘텐츠를 발견하게 되면 고객은 자연스럽게 우리에게 관심을 갖고, 먼저 연락을 하게 된다.

적극적으로 고객을 찾아가는 방법과 고객이 스스로 찾아오도록 만드는 방법은 서로 부딪치지 않는다. 두 가지 방법 모두 각자 장점과 한계를 가지고 있다. 시장 상황과 고객 특성에 따라 균형 있게 병행할 때 최상의 결과를 얻을 수 있다. 이제부터는 고객이 자연스럽게 우리를 발견하고 찾아오도록 하는 방식, 바로 '콘텐츠를 통한 고객 끌어당기기' 전략을 자세히 알아보자.

관심을 가진 고객이 실제 구매까지 가는 과정

구체적인 콘텐츠 전략을 살펴보기 전에 고객이 당신의 콘텐츠에 관심을 가진 후 구매까지 이어지는 전체 과정을 살펴보자. 이를 이해해야 전체 콘텐츠 전략을 세울 수 있다. 이 과정을 깔때기 모양으로 설명할 수 있다.

고객이 우리를 발견하고 우리에게 다가와 구매 결정까지 하는 프로세스는 다음 그림처럼 이어진다.

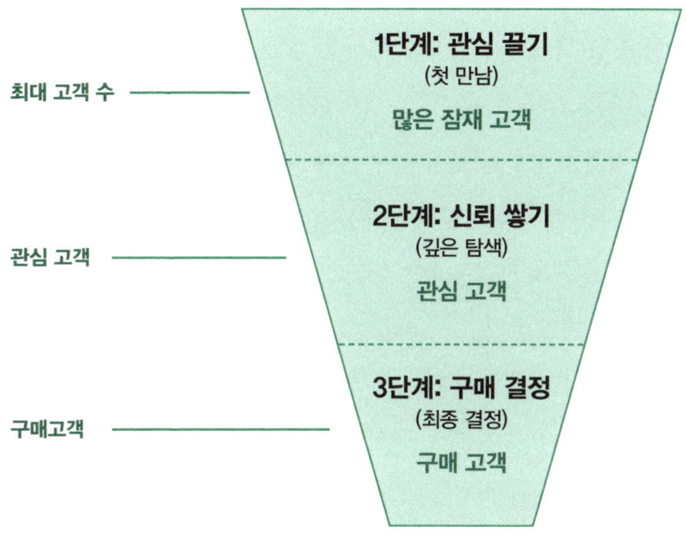

세일즈 깔때기 3단계 프로세스

1단계. 고객이 우리를 발견하는 단계

이 단계에서는 다양한 고객에게 유익하고 매력적인 콘텐츠를 제공해 일단 우리 브랜드를 인지하고 발견하여 관심을 갖게 만드는 것이 중요하다. 최대한 많은 잠재 고객에게 우리를 알리고 브랜드를 기억하게 만드는 단계다.

- 블로그 콘텐츠, SNS 게시물
- 유튜브 영상, 뉴스레터 등
- 랜딩페이지, 홈페이지에서 제공하는 정보

2단계. 고객이 우리를 탐색하는 단계

고객은 초기 관심을 가진 후, 우리의 제품이나 서비스가 실제로 자신에게 적합한지 보다 깊이 있게 탐색하기 시작한다. 이때 고객이 우리를 신뢰하고 실제 구매를 고려할 수 있도록 전문적이고 구체적인 콘텐츠를 제공해야 한다.

- 주기적인 온라인 세미나(웨비나) 개최
- 데모나 체험판 제공하기
- 전문적인 기술 문서, 백서 제공
- 실제 고객들의 성공 사례 소개

3단계. 구매 결정: 고객이 구매를 결정하는 단계

고객이 우리 제품과 서비스를 신뢰하고 진지하게 구매를 고려하는 마지막 단계다. 이때는 적극적인 개별 소통과 보다 명확한 제안을 통해 실제로 고객이 결정을 내리도록 유도해야 한다.

- 1:1 상담 및 미팅 진행
- 구체적인 제품 제안 및 적극적인 소통
- 전문가 상담 및 상세한 제품 소개

세일즈 깔때기 3단계에서 가장 중요한 것은 각 단계가 끊기지 않도록 설계해 고객이 자연스럽게 다음 행동으로 이어지게 만드는 것이다.

적금하듯 콘텐츠를 쌓아라

앞의 3단계 깔때기 중에서도 특히 1단계인 고객이 우리를 발견하는 단계가 모든 인바운드 세일즈의 시작이다. 아무리 훌륭한 신뢰 구축 전략이나 구매 유도 방법이 있어도, 고객이 우리를 발견하고 관심을 갖지 않으면 아무 소용이 없다. 고객들이 스스로 찾아오도록 만드는 핵심적인 방법은 바로 좋은 콘텐츠를 지속적으로 제공하는 데 있다. 사람들은 광고나 영업 메시지에는 쉽게 피로감을 느끼지만, 자신이 당장 필요로 하는 정보에는 언제나 적극적이고 열려 있다.

이러한 이유로 고객이 실제로 겪고 있는 문제나 고민, 관심사에 대한 콘텐츠를 미리 만들어 두고 다양한 채널을 통해 지속적으로 제공하는 것이 중요하다. 고객이 궁금증이나 문제가 생겨 정보를 찾아 헤맬 때, 우리가 미리 준비해둔 콘텐츠를 자연스럽게 만나게 되면 그들은 우리에 대한 신뢰를 키우고 관심을 갖게 된다.

콘텐츠로 고객을 끌어당기기 위해서는 '지속적인 콘텐츠 제작과 공급'이 필요하다. 좋은 콘텐츠를 만드는 것뿐만 아니라 블로그, 유튜브, 뉴스레터, 소셜 미디어 등 고객이 정보를 찾는 다양한 접점에서 꾸준히 콘텐츠를 공급해야 한다. 고객이 우리가 제공하는 콘텐츠에 익숙해질 때까지 습관적으로 콘텐츠를 올릴 각오가 있어야 한다.

자연스러운 연결이 핵심이다

과거에는 소비자들은 제한된 채널에서만 정보를 얻었지만, 지금은 구글 검색부터 유튜브, 인스타그램, 링크드인까지 수많은 채널을 넘나들며 정보를 찾는다. 고객이 어떤 채널에서 정보를 찾더라도 쉽게 우리 콘텐츠를 접할 수 있도록 해야 한다.

최근에는 적극적으로 질문하거나 정보를 요청하지 않고 조용히 정보를 탐색하는 '조용한 고객'이 많아졌다. 이런 고객들은 자신이 필요한 정보를 직접 물어보지 않고 은밀히 관찰하면서 평가한다. 따라서 우리는 고객이 묻기 전에 미리 고객이 필요한 콘텐츠를 준비하고 제공해야 한다.

콘텐츠 루틴 만들기

이 모든 과정은 한 번의 노력으로 끝나지 않는다. 다음 3가지 루틴을 반드시 갖추어야 한다.

첫째, 규칙적인 콘텐츠 제작이다. 고객의 관심사와 특성을 잘 고

콘텐츠로 고객이 스스로 찾아오게 만드는 과정

려하여 꾸준히 콘텐츠를 만들어야 한다. 콘텐츠 제작이 멈추는 순간, 고객은 자연스럽게 다른 브랜드로 떠난다.

둘째, 지속적인 콘텐츠 공유다. 아무리 좋은 콘텐츠라도 고객에게 꾸준히 전달되지 않으면 금방 잊혀진다. 블로그, 유튜브, 소셜 미디어, 뉴스레터 등 각각의 채널 특성에 맞게 지속적으로 콘텐츠를 공유해야 한다.

셋째, 적극적인 모니터링과 개선이다. 구글 애널리틱스 같은 도구를 사용해 어떤 콘텐츠가 실제로 효과가 있었고, 어떤 콘텐츠가 부족했는지 꾸준히 분석해야 한다. 이를 통해 고객이 좋아하는 콘텐츠의 유형과 주제를 빠르게 파악해 다음 콘텐츠 제작에 반영하자.

결국 고객이 스스로 찾아오게 만드는 비결은 꾸준함과 지속성이다. 규칙적으로 콘텐츠를 제작하고, 꾸준히 공유하며, 이를 지속적으로 분석하고 개선하는 이 루틴을 반복하면 고객은 자연스럽게 우리를 신뢰하고 스스로 찾아오게 된다. 그렇게 고객과의 장기적이고 튼튼한 관계가 만들어진다.

나만의 영역에 깃발 꽂기

이제 누구나 손쉽게 콘텐츠를 만들어내는 세상이다. 인공지능(AI)의 도움으로 매일 수백 개의 콘텐츠를 만들 수 있는 시대가 됐다. 그러나 넘쳐나는 정보 때문에 오히려 '진짜 신뢰할 수 있는 콘텐츠'만 찾기 시작했다. 과거처럼 자극적인 제목과 클릭을 유도하는 얕은 정보로는 관심을 끌 수 없다. 실제 경험과 깊이 있는 전문성을 바탕으로 도움을 줄 수 있는 콘텐츠가 필요하다.

그런데 신뢰는 어떻게 얻는 것일까? 너무 막연하지 않은가? "나는 박사 수료자도 아니고 번듯한 경력이 없는데 어떻게 하란 말인가?", "오랜 업력을 지닌 유명 기업이나 출세한 전문가들만 할 수 있는 것 아닌가?"라고 불평할지 모르겠다.

연필 깎기로 10만 원을 버는 남자

이럴 때, 나는 늘 데이비드 리스의 이야기를 떠올린다. 그는 '연필 깎기'라는 지극히 사소한 것을 파고들었다. 그는 말 그대로 연필 깎는 장인이다. 그는 자신의 책 《연필 깎기의 정석》에서 연필 깎는 도구의 종류와 칼이 연필과 접하는 각도를 분석하고, 사포를 이용한 마무리 작업과 연필을 깎기 전 준비운동까지 체계적으로 정리했다. 그는 이 책을 통해 자신을 '연필 깎기'라는 좁은 영역에서 유일한 전문가로 만들었고, 사람들은 그가 연필을 깎아줄 때마다 10만 원을 기꺼이 지불했다.

나는 데이비드 리스의 활동을 '좁은 영역에 깃발 꽂기' 전략이라고 부른다. 내가 잘 할 수 있는 전문 영역을 계속 더 좁혀가면서 더이상 경쟁자가 없어질 만큼 좁혀서 오직 나만의 영역을 확보해 보자. 천편일률적인 정보로는 고객의 선택을 받을 수 없다. 시장을 넓고 얕게 접근하던 방식에서 벗어나, 더 좁고 세부적인 영역으로 시장을 쪼개어 깊은 전문성을 확보하는 접근이 필요하다. 오직 나만의 독특한 경험과 실제 현장에서 얻은 생생한 스토리, 그리고 고객과 공감할 수 있는 구체적이고 진실된 이야기가 있는 콘텐츠만이 진정한 차별화를 만들어낸다.

AI가 따라올 수 없는 당신의 경험과 이야기

AI가 가장 어려워하는 부분이 바로 '진짜 사람의 경험과 감정이 담긴 이야기'다. 고객은 더 이상 단순 정보가 아닌 진정성 있는 스토리텔링에 반응한다. 개인의 경험, 솔직한 시행착오, 실패담과 성공담이 담긴 이야기는 AI 콘텐츠와 뚜렷한 차별성을 가진다.

예를 들어 "스타트업의 자금 관리 방법"이라는 주제를 다룰 때,

AI는 일반적인 가이드라인과 체크리스트를 제공할 수 있다. 하지만 실제로 월세도 못 내서 이리저리 돈 구하러 다니던 창업자의 이야기, 직원 월급을 주기 위해 밤에 대리운전 뛰던 경험 등은 겪어보지 못한 사람은 만들어낼 수 없는 생생함을 담고 있다. 설령 만들어낸다 한들 거기에 진정성이 있겠는가?

이렇게 완벽하지는 않지만 진짜 이야기들이 고객들에게 더 강한 신뢰감을 준다. 완벽하게 포장된 성공 스토리보다는, 진짜 고민하고 실패했던 과정을 솔직하게 공유하는 콘텐츠가 고객과 진정한 소통을 만들어낸다. 고객들은 그 이야기 속에서 자신의 모습을 발견하고, "이 사람은 나를 정말 이해하는구나"라는 공감대를 형성하게 된다. 진정성 있는 콘텐츠의 조건을 좀 더 상세히 정리하면 다음과 같다.

진정성 있는 콘텐츠의 조건
- 구체적인 실제 사례와 경험이 담긴 콘텐츠
- 성공뿐 아니라 실패와 시행착오까지 공유하는 스토리텔링
- 문제 해결 중심의 실제적이고 실용적인 정보 제공
- 전문성을 통해 지속적인 신뢰와 권위를 형성하는 콘텐츠

예전에 퍼포먼스 마케팅이 숫자와 클릭을 좇았다면, 인바운드 마케팅은 사람의 마음과 신뢰를 쌓아가는 방향으로 변화하고 있

다. 당신의 이야기, 감정, 경험이야말로 콘텐츠의 진정한 힘이자 경쟁력이다. 연필 깎기 전문가가 보여준 가능성을 떠올리며 스스로에게 이렇게 질문해 보자. 나는 어떤 좁은 영역에서 깃발을 꽂을 수 있을까? 나 혹은 우리 브랜드가 가진 독특한 경험과 전문성은 무엇일까?

콘텐츠는 광고가 아니다

앞서 콘텐츠가 고객이 스스로 찾아오게 만드는 핵심이라고 했다. 그렇다면 구체적으로 어떤 콘텐츠를 만들어야 고객이 스스로 찾아오게 할 수 있을까? 사실 많은 담당자들이 여기서 어려움을 느낀다. 자기 제품이나 서비스에 대해서는 잘 알고 있지만, 막상 이를 콘텐츠로 만들려고 하면 어떻게 시작해야 할지 막막해하기 때문이다.

콘텐츠는 제품이나 서비스 자체가 아니라, 고객이 관심을 가지고 필요로 하는 정보와 이야기를 담아야 한다. 고객이 흥미롭게 소비할 수 있는 콘텐츠를 제공하면 자연스럽게 브랜드와 제품에 대한 관심이 높아진다. 콘텐츠는 광고가 아니다. 콘텐츠는 고객의 관심과 고민에 자연스럽게 연결되어야 한다.

주방 제품을 판매한다고 가정하자. 고객은 프라이팬의 스펙이나 인증 사항보다는 쉽고 간편한 요리법이나 유명 요리사의 요리 비법이 더 끌린다. 사람들은 이런 정보를 찾고 공유하면서 자연스럽게 우리의 브랜드를 인지하게 된다.

술, 특히 애플 사이더 같은 제품을 판다면 어떨까? 우리 제품이 가진 특허 기술이나 제조 과정을 길게 설명하는 콘텐츠보다는 분위기 좋은 와인바를 추천하거나 클럽이나 라운지바의 DJ 공연 정보, 아니면 애플 사이더와 함께 즐길 수 있는 홈파티 팁과 같은 소식을 전달하는 것이 낫다. 사람들이 원하는 것은 단지 제품의 기술적 특성이나 제조 과정이 아니기 때문이다. 제품 자체보다 그 제품이 제공하는 라이프스타일, 경험, 그리고 분위기에 더 큰 관심을 갖는다.

반려동물 간식을 판매한다고 가정해 보자. 물론 제품의 재료나 품질을 강조하는 것도 중요하지만, 그것만으로는 지속적으로 고객의 관심을 얻기 어렵다. 고객은 제품 자체보다는 그 제품이 일상에서 해결해 줄 문제에 더 관심이 크다. 예를 들어 강아지 알레르기 관리법이나 고양이 식습관과 같은 현실적인 문제를 콘텐츠로 다루는 것이 훨씬 효과적이다. 이런 콘텐츠는 고객에게 실질적인 도움을 주고 브랜드에 대한 신뢰를 자연스럽게 높여준다. 결국 고객은 자신이 공감할 수 있는 이야기에 귀를 기울이기 마련이다.

디퓨저 제품을 팔 때도 제품 자체를 노골적으로 홍보하는 방식은 피하는 편이 좋다. 그보다는 공간별 어울리는 향 추천이나 요즘 유행하는 향기 비교와 같은 콘텐츠가 더 매력적이다. 고객은 콘텐츠를 통해 자연스럽게 우리 제품을 공간과 삶의 한 부분으로 상상하고 경험한다.

이쯤 되면 초보자들은 한 가지 의문이 생길 수 있다. "너무 고객 중심의 콘텐츠만 제공하다 보면 정작 우리 제품의 장점은 어떻게 알릴 수 있을까? 판매로 이어지지 않는 건 아닐까?" 합리적인 의문이다. 그러나 걱정할 필요가 없다. 콘텐츠가 유용하고 매력적이면 고객은 그 콘텐츠를 제공한 브랜드가 누구인지 자연스럽게 궁금해하고 찾아보게 된다.

여기서 중요한 건 완전히 브랜드를 숨기는 것이 아니라 자연스럽게 노출하는 것이다. 콘텐츠 마지막에 "이런 고민이 있으시다면 언제든 문의주세요" 정도의 부드러운 콜투액션을 넣거나, 프로필에 사업 정보를 표시하는 방식으로 말이다. 그렇게 하는 게 브랜드의 신뢰도를 높이는 길이다.

겉보기에 제품과 직접적인 관련이 없어 보이는 콘텐츠라도 고객이 콘텐츠를 즐기는 과정에서 브랜드는 마치 휴지에 물이 스며들듯 자연스럽게 각인된다. 노골적인 광고가 아니라 고객의 일상 속에 자연스럽게 녹아들기 때문에 거부감 없이 브랜드를 인지하게 된다. 이것이 성공하는 콘텐츠 마케팅의 힘이며, 장기적으로 꾸준한 매출과 브랜드 충성도로 연결되는 방법이다.

각 분야의 구체적인 콘텐츠 예시를 표로 정리했다(표3). 자신이 판매하는 제품이나 서비스에 맞춰 콘텐츠를 어떻게 만들어야 하는지 명확한 방향성을 잡기 바란다.

제품 카테고리	권장하는 콘텐츠 예시	권장하지 않는 콘텐츠 예시
주방 제품	• 집에서 쉽게 따라할 수 있는 요리법 • 유명 요리사 인터뷰 및 레시피 소개 • 맛집 탐방 및 추천 • 건강과 음식에 관한 유익한 정보 제공	• 자사 주방 제품 스펙 상세 소개 • 제품의 친환경 인증 획득 소식 • 수출 금탑산업훈장 수상 등 기업 성과 소개
애플 사이더	• 클럽/라운지바 DJ 공연 및 파티 소식 • 와인바, 비스트로, 레스토랑 추천 콘텐츠 • 크래프트 수제 맥주 시음회 및 이벤트 정보	• 자사 제품 제조 특허 공법 상세 소개 • 지역특산품 지정 소식 등 지자체 관련 정보 • 공장의 HACCP 인증 등 생산시설 인증 정보
반려동물 간식	• "고양이에게 닭가슴살을 주면 안 되는 이유"와 같은 유익한 정보 콘텐츠 • "우리 강아지에게 알러지가 있을까요?" 등 반려동물 건강 관리 정보 제공	• "100% 국내산 닭가슴살만 사용합니다!" • "첨가물 ZERO! 사람이 먹을 수 있는 재료만 사용합니다!" 등 제품 원료 강조형 광고
디퓨저	• 공간별 어울리는 향기 추천 콘텐츠 (공부방, 거실, 카페 등) • 최근 인기 있는 우디/시트러스 계열 향기 비교 및 추천 콘텐츠	• "화학성분 ZERO, 우리 아이 방에도 안전한 천연 디퓨저!" 등 제품의 무해성 강조 광고 • "병 디자인이 완벽한 인테리어 소품!" 등 외관 중심의 광고성 콘텐츠

— 표3 —

표3에서 디퓨저나 반려동물 간식, 주방용품 등은 주로 B2C 비즈니스다. 그러나 인바운드 마케팅이 B2C만의 전유물은 아니다. 최근 들어 B2B 비즈니스나 플랫폼 비즈니스에서도 매우 활발히 적용되고 있다. B2B나 플랫폼 비즈니스의 경우, 상품이 직접 보이지 않고 전문적 · 기술적 내용이 많아 인바운드 마케팅이 효과적이지 않다고 할 수 있지만 오히려 고객과의 깊은 신뢰를 얻어야 하는 이 분야에서야말로 인바운드 마케팅의 힘이 제대로 발휘될 수 있다. B2B 비즈니스나 플랫폼 비즈니스에서의 인바운드 세일즈 사례를 통해 이를 좀 더 구체적으로 살펴보자.

첫 번째 사례: 집꾸미기

집꾸미기는 단순히 인테리어 시공 서비스를 광고하지 않는다. 대신 고객들이 집을 아름답고 편리하게 꾸밀 수 있도록 다양한 아이디어와 노하우를 지속적으로 제공하는 기업이다. 예를 들어 "작은 방을 넓어 보이게 만드는 인테리어 팁", "셀프 인테리어를 위한 소품 선택 방법", "10평 원룸을 호텔처럼 꾸미기!" 같은 콘텐츠를 통해 고객이 스스로 관심을 가지고 찾아오게 만든다. 고객은 콘텐츠를 통해 자연스레 인테리어 고민을 해결하게 되고 결국은 집꾸미기 플랫폼을 통해 시공 서비스까지 계약하게 된다. 집꾸미기는 자신들의 서비스를 직접 홍보하지 않고 콘텐츠를 통해 자연스럽게 고객과의 연결을 만들어낸다.

두 번째 사례: 자비스

세무와 회계는 대부분 사람들에게 어렵고 복잡하게 다가온다. 자비스는 이러한 고객들의 고민을 정확히 알고 있다. 그렇다고 고객의 불편함을 직접 광고하거나 자신들의 뛰어난 서비스만을 강조하지 않는다. 대신 세무와 회계 관련 궁금증을 해결해 주는 친절한 가이드를 제공한다. 예를 들어 "초보 사장님들이 알아야 할 절세 꿀팁", "개인사업자라면 꼭 알아야 하는 세금 신고 방법", "소득공제 제대로 받는 방법"과 같은 콘텐츠로 고객들이 자연스럽게 자비스를 찾도록 이끈다. 고객들은 자비스의 콘텐츠를 통해 자신들의 문제를 해결하는 과정에서 자연스럽게 자비스의 서비스를 신뢰하고 선택하게 된다.

세 번째 사례: 채널톡

채널톡은 온라인 쇼핑몰이나 다양한 온라인 비즈니스 기업들이 고객과 효과적으로 소통할 수 있도록 돕는 채팅 기반 고객응대 솔루션을 제공한다. 고객들이 현장에서 실제로 겪고 있는 문제에 집중하여, 고객 응대와 매출 증가에 도움이 될 수 있는 전략과 노하우를 전달했다. 이러한 콘텐츠는 고객들에게 직접적으로 도움이 되었을 뿐만 아니라, 고객이 자발적으로 공유하며 자연스럽게 입소문이 퍼졌다. 또한 '채팅상담 잘 쓰는 쇼핑몰 사례 5가지'와 같은 자사 고객들의 성공 사례를 콘텐츠화하여 다른 기업들도 따라할 수 있는 구체적이고 실용적인 가이드를 제공하고 있다.

네 번째 사례: 호라이즌 테크놀로지

호라이즌 테크놀로지는 분말 야금 분야의 전통적인 제조기업임에도, 철저한 인바운드 마케팅 전략을 통해 B2B 디지털 전환에 성공했다. 웹사이트를 고객 중심으로 전면 개편하고, 검색엔진에서 쉽게 발견되도록 최적화해 방문자 수를 획기적으로 늘렸다. 블로그 게시물, 백서, 전자책 등 교육적이고 유익한 콘텐츠를 지속적으로 제공하여 고객이 스스로 찾아오게 만들었다. 또한, 소셜 미디어와 이메일 뉴스레터를 활용해 다채널로 콘텐츠를 배포하면서 고객과의 관계를 심화시켰고, 생산 현장을 생생하게 보여주는 영상 콘텐츠로 신뢰를 구축하여 품질 높은 리드를 확보하는 데 성공했다.

이 모든 사례가 전하는 공통된 메시지가 있다. 직접적인 광고만으로는 고객을 끌어오는 데 분명한 한계가 있다. 고객이 필요로 하는 정보와 문제 해결에 도움이 되는 콘텐츠를 꾸준히 제공할 때 고객은 자연스럽게 우리를 찾아온다. 이것이 콘텐츠 마케팅의 본질이다. 제조업은 물론 서비스업과 플랫폼 비즈니스에서도 인바운드 마케팅이 강력하게 작동하는 이유가 여기에 있다.

미슐랭 가이드 - 인바운드 세일즈의 고전

1900년대 초 프랑스에는 자동차 여행이란 개념 자체가 흔치 않았다. 자동차는 부유한 사람들의 전유물이었고 여행 또한 일부 계층만의 특별한 행사였다.

미슐랭 형제는 타이어를 제조하는 회사를 운영하고 있었지만 문제가 있었다. 당시 자동차를 가진 사람들이 많지 않았고, 사람들은 장거리 여행을 거의 하지 않았다. 이렇게 제한적인 시장에서 어떻게 돌파구를 찾을 수 있을까?

두 형제는 창의적인 발상을 했다. "자동차 타이어를 직접 팔지 말고, 사람들이 자동차 여행을 더 자주 하고 싶게 만들어 보자!" 그래서 타이어를 직접 홍보하는 대신, 사람들의 여행 욕구를 자극할 콘텐츠를 만들기로 했다.

1900년 처음 발행된 〈미슐랭 가이드〉는 프랑스 전역의 레스토랑과 호텔, 자동차 정비소 등 자동차 여행에 유익한 정보들을 모아 만든 작은 안내책자였다. 사람들은 이 책자를 보며 여행을 계획하고, 맛집을 찾았다.

이 책자의 진정한 마케팅 포인트는 타이어에 대해 단 한 마디도 하지 않았다는 점이다. 자신들이 만든 타이어의 장점이나 기술력은 일절 강조하지 않았다. 대신 운전자들에게 여행의 즐거움, 멋진 경치와 맛있는 음식, 좋은 숙소 정보를 제공했다. 고객들은 자동차 여행을 사랑하게 되었고, 여행이 일상이 되면서 어느새 차량 관리에 대한 관심도 함께 높아졌다. 그 과정에서 많은 이들이 미슐랭 타이어를 선택하게 됐다.

세월이 흘러 미슐랭 가이드는 권위 있는 레스토랑 평가 시스템으로 발전했다. 별점을 얻은 레스토랑은 유명세와 함께 엄청난 매출 상승 효과를 누렸고, 수많은 사람들이 직접 자동차를 몰고 찾아가게 만드는 강력한 동기가 됐다.

미슐랭 가이드는 타이어에 대해 직접적인 광고를 하지 않았다. 직접 제품을 자랑하는 대신, 소비자가 자연스럽게 자사 제품을 찾도록 '환경'을 만드는 전략이다. 고객이 필요로 하는 유익한 콘텐츠를 지속적으로 제공하면 고객은 자연스레 우리의 브랜드를 사랑하고 신뢰하게 된다.

끝없이 콘텐츠를 생산하는 법

콘텐츠를 통한 고객 끌어당기기에서 가장 흔히 저지르는 실수가 있다. 초반에 몇 개의 콘텐츠를 열정적으로 만들다가 금방 지쳐서 나가떨어지는 것이다. 주변을 둘러보면 블로그나 유튜브 채널을 야심 차게 시작했지만 얼마 못 가 흐지부지 끝내는 사례를 어렵지 않게 볼 수 있다.

콘텐츠를 통한 고객 끌어당기기의 성패는 초기의 열정보다 장기적인 전략과 꾸준한 실행에 달려 있다. 매번 화려한 콘텐츠를 만들어야 한다는 압박감보다는 고객이 지속적으로 관심을 가질 수 있는 콘텐츠를 꾸준히 공급하는 자세가 필요하다. 콘텐츠를 통한 고객 끌어당기기나 아웃바운드 세일즈 모두 그 핵심에는 꾸준한 루틴이 있다.

그렇다면 장기적으로 콘텐츠를 지속적으로 생산하려면 어떻게 해야 할까? 많은 사람들이 콘텐츠 소재가 부족하다고 고민하지만, 아주 간단한 기술만 쓴다면 콘텐츠 소재는 무궁무진하게 많다. 지속 가능한 콘텐츠 생산을 위한 2가지 핵심 전략을 소개한다.

전략1. 콘텐츠 플러스

콘텐츠 플러스 전략은 우리가 가진 핵심 키워드에 최신 이슈와 트렌드를 결합해 지속적으로 콘텐츠를 생산하는 방법이다. 예를 들어 내가 카메라 대여점을 운영하면서 '스냅 사진'이라는 키워드를 주제로 콘텐츠를 만든다고 가정해 보자. 보통 처음 콘텐츠를 만들 때 가장 흔히 떠올리는 주제는 다음과 같을 것이다.

"누구나 쉽게 따라할 수 있는 스냅 사진 잘 찍는 법"

좋다. 당연히 이 콘텐츠 주제는 너무 유용하다. 하지만 문제는 그 다음이다. 대부분 그 다음 콘텐츠의 주제는 막연해지고 잘 생각나지 않을 것이다. 아마도 그 다음 주제로 "스냅 사진의 종류에 대해 이야기해 볼까?" 하는 정도를 떠올리겠지만, 스스로 생각하기

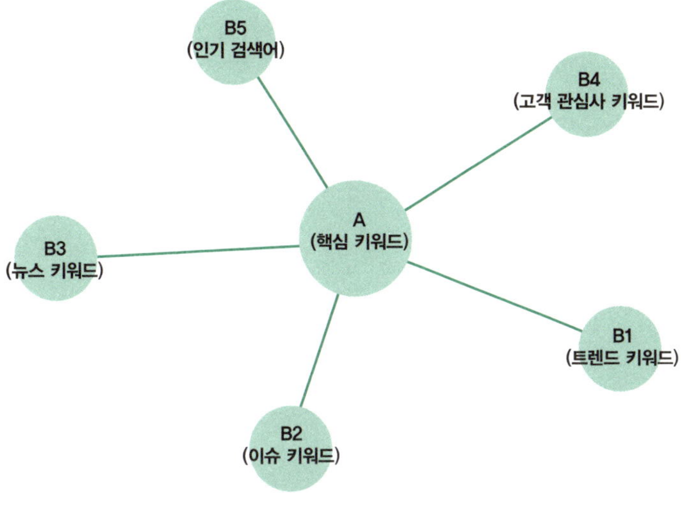

콘텐츠 플러스 전략

에도 그다지 만족스럽지 않다. 이렇게 해서는 고객의 흥미를 지속적으로 유지하기 어려울 것 같고, 무엇보다 너무 뻔한 주제라 스스로도 창의성이 부족하다고 느낄 수 있다.

이럴 때는 마치 나무의 줄기에서 가지가 뻗어나가듯이 다양한 방향으로 아이디어를 확장할 필요가 있다. 예를 들어 다음과 같이 확장할 수 있다.

- 스냅 사진 + 웨딩: 결혼식 당일 자연스러운 순간을 담는 웨딩 스냅 촬영법

- 스냅 사진 + 여행: 여행지에서 인생샷을 남기는 스냅 사진 촬영 꿀팁
- 스냅 사진 + 졸업식: 졸업식을 더욱 특별하게 기록할 수 있는 스냅 사진 아이디어
- 스냅 사진 + 가족 모임: 가족 모임에서 추억을 남길 수 있는 장소 추천
- 스냅 사진 + 기업 행사: 기업 행사 현장의 분위기를 잘 담는 스냅 사진 노하우
- 스냅 사진 + 프로필 촬영: 호감을 주는 비즈니스 프로필용 스냅 촬영 방법

이렇게 주요 키워드 하나를 여러 상황, 여러 사람들의 관심사, 최신 이슈와 결합하면 하나의 콘텐츠 아이디어에서 수많은 후속 콘텐츠를 만들어낼 수 있다. 즉 콘텐츠 플러스는 무작정 떠오르는 아이디어를 기다리는 것이 아니라, 체계적으로 소재를 찾아 콘텐츠를 지속적으로 공급할 수 있도록 도와주는 전략이다. 이러한 방식은 콘텐츠가 일회성으로 소비되는 데 그치지 않고, 지속 가능한 공급 체계를 구축하게 해준다. 이 전략을 통해 장기적으로 고객들이 우리 브랜드에 꾸준한 관심을 갖게 되고, 신뢰와 충성도가 자연스럽게 쌓이게 된다.

콘텐츠 플러스 전략 사례

표4는 '콘텐츠 플러스 전략'을 실제로 어떻게 실행할 수 있는지 구체적인 사례를 들어 정리한 것이다. 우리 제품이나 서비스의 핵심 키워드(A)에, 잠재 고객이나 대중이 관심을 가질 만한 최신 트렌드·이슈(B)를 결합하면 끊임없이 새로운 콘텐츠 주제를 도출할 수 있다. 투자 유치, 인테리어, 스냅 사진, 정리 컨설팅 분야의 예시를 참고하여 창의적으로 활용해 보길 바란다.

전략2. 물고 늘어지기

두 번째 전략은 "반응이 좋은 토픽은 물고 늘어져라!"이다. 콘텐츠를 지속적으로 생산하다 보면 분명히 반응이 뜨거운 콘텐츠가 생긴다. 사람들의 관심이 한꺼번에 몰리고, 클릭 수와 댓글 수가 눈에 띄게 많아진 콘텐츠는 절대 그냥 흘려보내서는 안 된다. 즉각적으로 후속 콘텐츠를 만들고 적극적으로 '물고 늘어져야' 한다.

콘텐츠 플러스 전략이 하나의 키워드를 중심으로 관련된 여러 토픽을 방사형으로 확장하는 방식이라면, 물고 늘어지기는 인기 있는 하나의 토픽을 더욱 깊이 파고드는 콘텐츠 확장 방법이다. 독자들의 관심과 흥미가 이미 증명된 콘텐츠를 중심으로, 다양한 관점과 조금 다른 방식의 추가 콘텐츠를 생산하면 더욱 큰 효과를 얻을 수 있다.

인기 유튜버들도 이 방법을 사용한다. 유튜버들은 반응이 좋은

우리 제품이나 서비스를 상징하는 키워드(A)	대중들의 관심사 또는 최신 이슈 (B)	결합하여 생성된 콘텐츠 사례 (A+B = 콘텐츠 플러스 전략)
투자 유치	올해 투자 트렌드	올해 스타트업 투자유치를 위한 5가지 전략
	IR 자료 잘 만드는 법	투자 유치에 성공하는 IR 자료 구성법
	VC의 최근 투자 사례	최근 VC가 주목한 스타트업들의 공통점
인테리어	재택근무 증가	재택근무에 최적화된 홈오피스 꾸미는 법
	미니멀리즘 트렌드	좁은 원룸도 넓어 보이는 미니멀리즘 인테리어
	오래된 아파트	낡은 아파트를 새 아파트처럼 리모델링 하는 법
스냅 사진	셀프 웨딩 유행	셀프 웨딩 촬영 성공을 위한 포즈와 장소 팁
	SNS 활용 증가	SNS에서 돋보이는 프로필 사진 촬영 노하우
	해외여행	여행에서 인생샷 건지는 촬영법 BEST 5
정리 컨설팅	미니멀 라이프	곤도 마리에처럼 옷장을 정리하는 3가지 원칙
	업무 생산성 향상	업무 생산성을 높이는 책상 정리법
	디지털 노마드	디지털 노마드를 위한 파일 정리법

— 표4 —

주제를 찾아내면, 그 주제를 꾸준히 반복해서 다룬다. '생산성 향상법'이라는 주제로 만든 영상이 큰 호응을 얻었다면, 다음 콘텐츠는 '생산성을 높이는 일상 루틴', '생산성을 높이는 앱 추천', '생산성을 방해하는 습관 5가지' 등으로 조금씩 변형해 가면서 주제를 깊이 있게 확장해 나간다. 이러한 방식을 통해, 처음의 콘텐츠를 소비했던 시청자들이 계속해서 채널을 찾도록 유도한다.

일례로, '부동산 전문가'가 운영하는 유튜브 채널을 보자. 이 채널에서 "올해 집값 전망"이라는 영상이 예상외로 좋은 반응을 얻었다면, 곧바로 "서울 vs 지방, 투자하기 좋은 지역 분석", "최근 부동산 정책이 가져올 집값 변화 예측", "내년 집값 급등 가능성 있는 지역 TOP 3"와 같이 비슷하지만 약간씩 다른 주제의 후속 콘텐츠를 지속적으로 만들어내며 관심을 붙잡아 둔다.

이렇게 특정 콘텐츠가 주목받을 때 단발성으로 끝내지 않고 적극적으로 반복하면서 지속적인 관심과 반응을 얻는 것이 중요하다. 반응 좋은 토픽은 시장이 우리에게 직접 건네준 힌트이자 기회다. 물고 늘어지는 전략으로 독자의 관심을 꾸준히 붙잡고, 장기적으로 안정적인 고객층을 확보할 수 있다.

콘텐츠 생산 전략의 통합적 활용

지속 가능한 콘텐츠 생산을 위해서는 2가지 전략을 통합적으로 활용하는 것이 효과적이다. 첫째, '콘텐츠 플러스 전략(A+B)'은 우

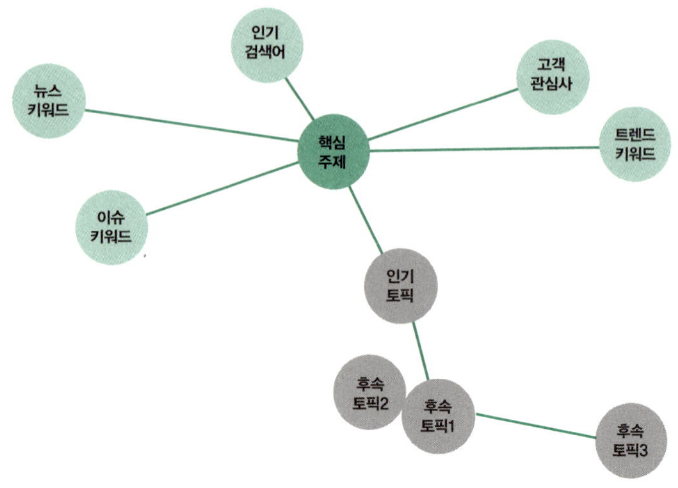

끝없이 콘텐츠를 만드는 통합 전략

리가 가진 핵심 주제(A)에 사람들이 관심을 가지는 다양한 트렌드나 이슈(B)를 더해 무한히 콘텐츠 소재를 확장하는 방법이다. 이는 마치 나뭇가지가 사방으로 뻗어나가듯, 새로운 아이디어를 끝없이 만들어내는 방식이다.

둘째, '물고 늘어지기 전략'은 특정 콘텐츠가 큰 반응을 얻었을 때 그 주제를 더욱 깊고 세부적으로 확장하여 관심과 흥미를 지속시키는 방식이다. 독자가 관심을 보이는 인기 토픽을 놓치지 않고 후속 콘텐츠로 연결해 나가면, 고객의 관심을 더욱 오래 붙잡을 수 있다. 두 전략을 상황에 따라 적절히 활용하면 콘텐츠 소재의 고갈 없이 꾸준한 고객 관심과 브랜드의 신뢰를 얻을 수 있다.

AI 도구로 생산성 높이기

최근 내가 컨설팅했던 어떤 중소기업 대표는 이런 고민을 토로했다. "소장님, 콘텐츠 마케팅이 중요한 건 알겠는데 직원도 없고 시간도 없어요. 안 하던 콘텐츠를 만들라고 하니 담당자가 회사 그만두겠다고 하네요." 정말 현실적인 고민이었다.

지금까지 콘텐츠를 만드는 일은 현실적으로 매우 힘든 일이었다. 글솜씨가 없다며 블로그를 포기하는 사람들을 수없이 봐왔고, 영상 촬영이나 편집은 말할 것도 없었다. 많은 대표들이 직원들에게 "콘텐츠 좀 만들어봐"라고 지시는 하지만, 직원들에게는 너무나 큰 도전으로 받아들여졌다.

하지만 이제는 상황이 완전히 달라졌다. 생성형 AI의 등장으로 핑계 댈 수가 없는 시대로 변하고 있다. "글을 못 써서", "디자인 감각이 없어서", "영상 편집이 어려워서"라는 변명들이 하나씩 무너지고 있다. 이제는 콘텐츠 제작을 포기할 이유가 사라졌다.

앞서 우리는 '콘텐츠 플러스 전략'을 통해 지속적으로 새로운 아이디어를 만들어내는 방법을 배웠다. 하지만 그러한 전략을 구상할 물리적 시간도 부족하고 아이디어 발상이 잘 안 되니 참으로 답답한 일이다.

이럴 때 AI 도구를 효과적으로 활용하면 콘텐츠 제작의 생산성을 크게 끌어올릴 수 있다. 단, 주의할 것이 있다. 단순히 AI가 만들어준 콘텐츠를 복사해 붙여 넣는 방식이어서는 안 된다. AI가 기본 틀을 잡고, 거기에 내 실제 경험과 진정성을 더해야 한다.

AI로 아이디어 발상하는 법

콘텐츠를 만들다 보면 가장 많이 부딪히는 어려움은 다음과 같다. 첫째는 콘텐츠를 어떤 주제로 만들어야 할지 생각이 떠오르지 않는 것이고, 둘째는 콘텐츠 몇 개를 만들고 나면 다음에는 "또 뭘 써야 하지?"라는 막막함이다. 이럴 때 AI는 정말 든든한 아이디어 파트너가 된다.

나는 주로 챗지피티, 클로드, 제미나이와 같은 대규모 언어모델을 활용한다. 예를 들어 내가 '세일즈 교육'을 주제로 콘텐츠를 만들 때는 이렇게 AI에 물어본다.

"나는 스타트업 세일즈 컨설팅을 하고 있는데, 요즘 스타트업들이 관심 가질 만한 트렌드와 결합해서 '세일즈 노하우'에 관한 콘텐츠 아이디어를 다섯 가지 제안해줘."

그러면 AI는 빠르게 다양한 콘텐츠 아이디어를 제시해준다. 리모트워크 시대의 온라인 세일즈, AI 도구 활용한 세일즈 자동화, 저성장 시대의 세일즈 전략 등 다양한 최신 트렌드와 연결된 아이디어가 뚝딱 만들어진다. 그중에서 가장 마음에 드는 아이디어를 선택하고, 내가 실제로 컨설팅하면서 경험한 사례와 현장의 이야기를 더해 콘텐츠 주제를 최종적으로 확정한다.

콘텐츠 초안은 AI로 빠르게, 완성은 나의 경험으로 깊게

콘텐츠 주제가 정해지면, AI에게 글의 초안을 요청한다. 이때 최대한 구체적으로 요청하는 것이 중요하다. "예를 들어 세일즈 경험이 부족한 주니어 레벨의 직원으로 구성된 회사에 적합한 세일즈 전략을 주제로 글의 기본 구조와 초안을 써줘. 특히 초보자들이 실무에서 바로 적용할 수 있는 단계별 가이드 중심으로 작성해줘"라고 상세한 방향을 제시하면 상당히 완성도 높은 결과를 얻을 수 있다.

AI가 만들어준 초안을 받은 다음, 나는 내가 실제로 컨설팅하면서 겪은 경험과 고객사에서 있었던 이야기를 더한다. 예를 들어 AI가 "타깃 시장을 다변화하는 것이 중요하다"라고 써놓았다면 여기에 "작년에 컨설팅했던 한 청소 용역 회사가 기존에는 B2C 사업에만 의존했었는데, 내가 B2B 비즈니스로 사업 영역을 확장하라고 조언한 후 신규 고객층을 확보해서 매출이 20% 증가했다"라는 경험을 추가한다. AI가 제안한 초안은 어디까지나 틀일 뿐, 콘텐츠의 신뢰성은 결국 당신의 실제 경험이 결정한다는 것을 잊지 말자.

콘텐츠 제작과 배포를 위한 AI 도구 활용법

콘텐츠의 본문이 완성되었다면, 이제 이 콘텐츠를 다양한 형태로 제작하고 배포해야 한다. 이 과정에서 AI 도구의 도움을 받으면 효율성을 크게 높일 수 있다.

먼저 제목을 정할 때도 AI의 도움을 받는다. 완성된 글을 AI에게 보여주고 "이 글의 내용에 맞는 클릭률 높은 제목을 몇 개 나열해주고, 그 중에서 가장 적합한 제목과 그 이유를 알려줘"라고 요청하면 다양한 제목 후보를 얻을 수 있다.

다음으로 완성된 콘텐츠를 '브런치스토리'라는 블로그에 먼저 게시한다. 브런치는 가독성이 좋고 검색도 잘 되는 플랫폼이라 콘텐츠 확산에 도움이 된다.

블로그에 올린 후 반응이 좋다고 판단되면 유튜브 영상을 제작한다. 내 경우, 집에서는 캐논 DSLR 카메라로 촬영하고, 외부에서는 가벼운 고프로나 휴대폰으로 촬영한다. 이렇게 촬영한 영상은 무료 영상 편집 도구인 다빈치 리졸브(DaVinci Resolve)로 간단히 컷 편집을 한다. 이 밖에 브루(Vrew), 캡컷(CapCut), 필모라(Filmora) 등으로 쉽게 편집할 수 있고, 오랫동안 동영상 편집 도구의 대명사였던 어도비 프리미어 프로(Adobe Premiere Pro)도 여전히 훌륭한 선택지다.

영상에 자막을 넣을 때는 브루를 활용한다. 브루는 무료로 사용할 수 있으며, 영상에 자동으로 자막을 생성해주는 편리한 서비스다. 영상의 썸네일은 캔바(Canva)나 미리캔버스를 통해 충분히 괜찮은 결과물을 만들 수 있다. 이후 간단한 오타만 수정해서 최종적으로 완성한다.

그다음에는 홈페이지에 브런치에 올렸던 글과 유튜브에 올렸던 영상을 함께 게시한다. 이렇게 하나의 콘텐츠를 텍스트와 영상이라는 서로 다른 형태로 동시에 제공하는 것을 멀티모달(Multimodal) 콘텐츠 전략이라고 한다.

도구는 변할 수 있지만, 본질은 변하지 않는다

지금까지 구체적인 제작 도구를 소개하긴 했지만, 중요한 건 도구 자체가 아니라 그 도구를 활용하는 방법이다. AI는 너무나 빠르게 발전하고 있으며, 지금 사용하는 AI 서비스나 도구는 앞으로 몇 년 후면 바뀌거나 사라질 수 있다. 따라서 이 책에서 특정 도구를 소개한 것은 예시일 뿐이다. 실제로 더 중요한 것은 콘텐츠를 통해 지속적으로 세일즈 리드를 확보하는 시스템을 구축하는 것이다.

이제 콘텐츠 제작은 어떤 분야를 막론하고 선택이 아닌 필수다. 인바운드 세일즈의 개념을 다시 한번 상기할 필요가 있다. 세일즈 깔때기의 최상단인 영역에서 최대한 많은 잠재 고객을 끌어들이기 위해서는 콘텐츠의 힘이 절대적이다.

AI는 이제 콘텐츠 제작의 진입장벽을 대폭 낮췄다. 글쓰기가 어렵다는 핑계, 영상 제작이 복잡하다는 변명은 더 이상 통하지 않는다. 이제 AI의 도움을 받아 효율적으로 콘텐츠를 생산하면서 꾸준히 세일즈 리드를 확보해 나가자.

콘텐츠를 어디에 어떻게 노출할 것인가

아무리 뛰어난 콘텐츠라도 잠재 고객이 자주 찾는 채널에 노출되지 않으면 의미가 없다. 그럼 모든 콘텐츠를 가능한 모든 채널에 배포해야 할까? 아니면 특정 채널만 선택적으로 활용해야 할까? 명확한 정답은 없지만, 인바운드 세일즈의 취지와 세일즈 깔때기 이론에 의하면 최대한 많은 채널을 통해 노출시키는 것이 바람직하다. 세일즈 깔때기의 맨 윗부분은 넓을수록 좋다. 깔때기의 윗부분이 넓어야 더 많은 잠재 고객이 유입될 수 있다. 우리의 콘텐츠가 더 많은 사람의 눈에 띄고 지속적으로 접점이 생기도록 활용 가능한 다양한 채널을 적극적으로 고려해야 한다.

지금부터는 채널별 특징과 활용법을 하나씩 살펴보자.

홈페이지

'웹'은 세월이 흘러도 변하지 않는 가장 기본적인 표준 채널이다. 특히 회사 홈페이지는 브랜드의 얼굴이다. 홈페이지를 회사 소개나 연락처만 나열해 놓은 정적인 공간으로 생각하면 안 된다. 오히려 블로그처럼 적극적으로 운영하며, 고객이 필요로 하는 정보를 지속적으로 업데이트해야 한다. 자주 업데이트될수록 네이버나 구글 같은 검색엔진에서 높은 평가를 받아 검색 결과의 최상단에 당신이 만든 콘텐츠가 노출될 가능성도 높다.

나는 다양한 마케팅 채널 중에서도 홈페이지를 가장 중요하게 생각한다. 그 이유는 첫째, 홈페이지는 브랜드가 직접 소유하고 관리하는 플랫폼으로 SNS나 다른 외부 플랫폼과 달리 안정적이며 장기적으로 유지 가능하다. SNS는 트렌드에 따라 갑자기 뜨거나 금세 사라지기도 하지만 홈페이지는 언제나 그 자리에 있다.

둘째, 홈페이지는 공식적이고 신뢰할 만한 이미지를 제공하기 때문에 잠재 고객에게 강력한 공신력을 줄 수 있다.

셋째, 구글을 비롯한 주요 검색엔진은 고품질의 콘텐츠와 잘 구조화된 홈페이지를 가장 선호한다. 따라서 홈페이지 운영은 온라인에서 쉽게 발견되고 널리 알려지는 데 매우 유리하다.

나는 가비아를 통해 도메인과 호스팅 서비스를 받고 있다. 주로 워드프레스를 이용해서 홈페이지를 제작, 관리한다. 그리고 홈페이지에 구글 애널리틱스를 연동하여 방문자들의 유입 경로, 인구통계학적 정보, 인기 콘텐츠 등을 꾸준히 분석하고 있다. 이런 데이터를 통해 어떤 콘텐츠가 고객들에게 인기가 있는지, 어떤 경로를 통해 고객들이 찾아오는지를 파악할 수 있어 콘텐츠 전략을 세우는 데 매우 유용하다. 실제로 구글 애널리틱스를 통해 확인한 데이터를 바탕으로 인기 있는 주제의 콘텐츠를 더 많이 제작하거나, 효과적인 유입 채널에 더 집중하는 등의 전략적 결정을 내릴 수 있었다.

과거와 달리 홈페이지 제작은 매우 쉽고 비용도 저렴해졌다. 가비아, 후이즈 등 도메인 및 웹호스팅 업체를 이용하면 월 1~2만 원대의 비용으로 도메인과 웹 공간을 손쉽게 확보할 수 있다. 홈페이지 자체는 워드프레스(WordPress), 아임웹(Imweb), 윅스(Wix)와 같은 웹사이트 빌더(Website Builder)를 활용하면 코딩 지식 없이 드래그 앤 드롭 방식으로 간단히 만들 수 있다. 다양한 템플릿과 기능을 무료 또는 저렴한 비용으로 제공하기 때문에 누구나 짧은 시간 내에 훌륭한 홈페이지를 구축할 수 있다.

블로그

블로그는 지금 당장 시작할 수 있는 가장 쉬운 인바운드 세일즈 채널이다. 홈페이지와 비교하면 더 쉽고 빠르게 개설할 수 있으며, 특별한 기술이나 비용 없이도 즉시 콘텐츠 발행이 가능하다. 홈페이지는 구조를 갖추고 콘텐츠를 채우는 데 어느 정도 시간이 필요하지만, 블로그는 계정만 만들면 바로 발행할 수 있는 간편한 구조다. 네이버와 같은 포털에서 운영하는 블로그 서비스는 검색엔진이 매우 빠르게 반응하여 콘텐츠가 고객 검색 결과에 신속하게 노출되는 장점이 있다. 홈페이지는 장기적으로 운영하며 시간을 들여 노출 빈도를 조금씩 높여가는 채널이라면, 블로그는 트렌드와 키워드를 적절히 활용하면 매우 빠른 시간 내에 검색 노출을 극대화할 수 있다.

블로그 플랫폼은 네이버 블로그 외에도 카카오에서 운영하는 브런치스토리 등이 있다. 두 플랫폼 모두 강력한 콘텐츠 노출력을 제공하지만, 특징과 활용 방식에는 차이가 있다. 네이버 블로그는 누구나 쉽게 개설하고 콘텐츠를 발행할 수 있다. 실생활의 다양한 정보와 리뷰, 소소한 일상 콘텐츠가 풍부하게 노출되는 장점이 있다. 따라서 제품이나 서비스 관련 키워드를 중심으로 고객이 검색하는 정보를 빠르게 제공할 때 매우 효과적이다.

브런치스토리에서 글을 발행하려면 먼저 플랫폼 운영진의 심사를 거쳐 작가로 승인을 받아야 한다. 진입 장벽이 조금 있는 대신, 승인받은 콘텐츠는 보다 깊이 있고 전문적인 이미지로 독자들에게 다가간다. 특히 자기 브랜드를 진지하고 전문적으로 구축하거나 신뢰성 높은 정보 콘텐츠로 브랜드 이미지를 확장하고 싶은 경우에 적합하다.

내 경우에는 브런치스토리에 글을 꾸준히 올리고 있는데, '작가에게 제안하기' 기능을 통해 독자들이 나에게 직접 연락을 주는 경우가 종종 있다. 내가 올린 글을 읽고 공감하거나 궁금한 점이 생겨 개인적으로 상담을 요청하거나, 강의나 컨설팅 문의를 해오는 경우도 있다. 이럴 때 정말 블로그를 꾸준히 해오길 잘했다는 생각이 새삼 든다. 특히 브런치스토리는 독자층이 비교적 진지하고 깊이 있는 콘텐츠를 선호하는 편이라, 실제 비즈니스 기회로 연결되는 경우가 많다.

어떤 플랫폼을 선택하든, 꾸준한 콘텐츠 발행이 핵심이다. 짧은 글이라도 정기적으로 꾸준히 발행하며 고객과의 연결고리를 유지하고, 독자가 궁금해하는 키워드를 중심으로 유익한 정보를 제공해 신뢰와 관계를 지속적으로 강화해 나가야 한다. 블로그에서 확보된 구독자와 방문자는 이후 유튜브나 뉴스레터 같은 다른 마케팅 채널로 자연스럽게 연결될 수 있기 때문에, 블로그는 장기적인 브랜드 커뮤니케이션의 출발점으로서 매우 중요하다.

유튜브

다들 유튜브의 중요성이나 효과에 대해 잘 알고 있지만, 막상 시작하려면 쉽게 입이 열리지 않는다. '카메라 앞에 서기 부끄러워서', '말을 잘 못해서', '전문가처럼 보이지 않을까 봐', '얼굴이 팔리는 게 싫어서', 혹은 그냥 '내성적인 성격'이라는 이유로 쉽게 유튜브를 포기한다. 이런 고민이 드는 건 너무나 당연하다. 하지만 바로 이 지점에서 유튜브의 경쟁력이 생긴다. 대부분의 사람이 바로 이런 이유로 시도조차 하지 않기 때문에 용기를 내어 유튜브를 시작한다면 그만큼 차별화된 경쟁력을 가질 수 있다.

처음부터 완벽한 영상을 만들어야 한다는 압박감을 내려놓자. 유튜브에서 진짜 중요한 것은 완성도가 아니라 콘텐츠의 진정성과 꾸준함이다. 사람들은 흔히 조명도 써야 하고, 카메라도 좋은 걸 써야 하고, 대충 만들 바에는 아예 하지 않겠다고 하지만, 내 생각은 좀 다르다. 영상의 심미적인 완성도도 중요하지만, 오히려 날것의 느낌이 전문가다운 매력으로 다가올 때도 있다. 오히려 지나치게 매끄럽고 완벽한 영상보다는 약간 거칠더라도 진정성이 느껴지는 영상이 더 신뢰감을 줄 수 있다.

얼굴을 드러내기 부담스럽다면 굳이 직접 카메라 앞에 서지 않아도 된다. PPT 화면에 음성을 입혀 설명하거나 이미 작성된 문서나 자료를 화면에 띄워놓고 설명하는 방식도 얼마든지 가능하다. 처음에는 3~5분 정도의 짧고 부담 없는 영상으로 시작해도 충분하다. 만약 회사 내부에서 반발이나 우려가 있다면 처음에는 '비공개 영상'으로 제작해서 내부 피드백을 받은 뒤 점진적으로 공개 범위를 확대하면 훨씬 부담을 줄일 수 있다.

최근 AI 덕분에 유튜브를 찍고 편집하는 것이 정말 쉬워졌다. 썸네일을 자동으로 만들어주는 도구, 자막을 쉽게 넣을 수 있는 도구, 영상 시나리오를 AI가 대신 작성해주는 도구, 심지어는 영상 편집 과정까지 자동화된 서비스가 많이 등장했다. 이제 더 이상 기술적인 어려움이나 복잡한 제작 과정 때문에 망설일 필요가 없다.

나 역시 유튜브를 꾸준히 운영하고 있다. 교육기관이나 기업에서 강사 섭외 문의를 받을 때마다 어떤 채널이 효과가 있는지 확인도 할 겸, 나는 버릇처럼 꼭 이렇게 물어본다. "어떻게 저를 아셨어요?" 그러면 대부분 이렇게 답한다. "연구소 홈페이지도 확인했고 유튜브도 봤습니다. 내용이 좋고 공감이 되어서 연락드리게 되었습니다.”

이처럼 유튜브는 단순히 구독자 수나 조회수의 문제가 아니다. 내 콘텐츠에 진심으로 공감하는 사람들이 직접 연락을 주고, 비즈니스 기회로 연결되는 강력한 채널이다.

다시 강조하지만 중요한 건 '시작'과 '꾸준함'이다. 앞서 소개한 콘텐츠 플러스 전략을 활용해 독자가 관심 가질 만한 주제나 소재를 미리 마련해두면 촬영 자체도 어렵지 않다. 복잡하고 장황한 콘텐츠가 아니라 고객이 필요로 하는 정보를 간결하고 쉽게 전달하는 콘텐츠가 가장 힘이 세다. 부담 없이 쉽게 찍고 올리는 것에서부터 시작해 보자. 남들이 유튜브를 망설일 때 당신이 먼저 시작한다면, 그만큼 큰 기회를 잡을 수 있다.

소셜 미디어

소셜 미디어는 마케팅에서 빼놓을 수 없는 핵심 도구다. B2B 기업들은 종종 페이스북이나 인스타그램이 자사 비즈니스와 맞지 않는다고 여기곤 한다. 하지만 이는 오해다. B2B 기업의 경우 세미나, 웨비나 등의 전문 행사를 홍보할 때 소셜 미디어의 파급력을 십분 활용할 수 있다.다만 소셜 미디어를 단독으로 운영하기보다는 홈페이지, 블로그, 뉴스레터와 연계한 통합 마케팅 전략이 훨씬 효과적이다.

홈페이지나 블로그에는 핵심적이고 구체적인 내용을 담고, 소셜 미디어는 이를 널리 퍼뜨리는 확산 창구로 활용하는 것이다. 세미나나 웨비나 같은 전문 행사를 홍보할 때 소셜 미디어가 광고의 역할을 한다.

소셜 미디어 마케팅의 성패는 썸네일과 카피에 달려 있다. 사용자들은 피드를 빠르게 스크롤하며 관심을 끄는 콘텐츠에만 시선을 멈춘다. 찰나의 순간에 주목도를 높이는 매력적인 썸네일과 간결하면서도 임팩트 있는 카피가 반드시 필요하다. 다행히 AI의 발달로 누구나 전문가 수준의 카피라이팅을 할 수 있게 됐다. AI 도구를 활용하면 효과적인 문구를 신속하게 생성할 수 있고, 캔바나 미리캔버스 같은 디자인 플랫폼으로는 전문 디자이너 못지않은 세련된 썸네일을 손쉽게 제작할 수 있다.

소셜 미디어 마케팅에서 가장 중요한 점 역시 지속성이다. 예산이 적으면 적은 대로 꾸준히 광고 집행을 하고 지속적으로 최적화를 하자. 즉각적인 효과를 기대하기보다는 장기적 관점에서 개선해 나가면 점진적으로 효율성과 성과가 향상된다. 소셜 미디어 마케팅을 어렵게 바라볼 필요는 없다. AI 기술과 다양한 마케팅 도구가 일상화된 지금, 부담을 덜고 과감하게 도전해 보자. 핵심은 과감한 시작과 꾸준한 실험 정신이다. 지속적인 노력이 있다면 분명한 성과를 거둘 수 있을 것이다.

미디어 기고하기

언론사, 전문 매거진, 유명 블로그와 같은 외부 미디어에 전문가의 관점으로 양질의 콘텐츠를 제공하면, 기고자 개인뿐 아니라 기고자의 회사에 대한 신뢰와 공신력 또한 크게 상승한다. 이렇게 축적된 신뢰와 권위는 브랜드가 시장에서 업계 전문가로 자리 잡는 데 중요한 기반이 된다. 특히 B2B 기업에게는 잠재 고객들이 신뢰할 수 있는 전문가의 조언을 지속적으로 전달하는 방식이기 때문에 인바운드 마케팅 채널로서 더욱 효과적이다.

나 역시 사업 초기에 이 방법을 적극 활용했다. 홈페이지를 만들어도 아무런 반응이 없던 시절, 나는 스타트업 업계에서 나름 유명한 '모비인사이드'라는 온라인 매거진에 직접 전화를 걸었다. 편집장님을 바꿔 달라고 하고는 이렇게 말했다. "저는 스타트업세일즈연구소 유장준 소장이라고 합니다. 모비인사이드를 오랫동안 봐왔습니다만, 마케팅과 투자에 관한 기사나 콘텐츠는 많지만 정작 스타트업에게 중요한 세일즈 콘텐츠는 거의 없는 것 같습니다. 제가 매주 1회 기고를 해도 될까요? 마감은 꼭 지키겠습니다."

다행히 큰 무리 없이 흔쾌히 허락해 주어서 1년 가까이 세일즈를 주제로 한 칼럼을 연재할 수 있었다. 그리고 나중에 구글 애널리틱스로 조회해 보니 모비인사이드를 통해 우리 회사 홈페이지로 유입된 트래픽이 압도적으로 높았다. 결과적으로 인지도도 높이고 공신력도 쌓을 수 있었던 것이다.

전문가로서의 권위를 얻는 법

콘텐츠 마케팅을 통해 인바운드 전략을 실행하다 보면, 종종 콘텐츠의 품질은 뛰어나지만 브랜드나 작성자의 '권위'가 부족해서 아쉬움을 느낄 때가 있다. 이런 권위를 보완할 수 있는 가장 효과적인 방법은 교육과 책 출간이다. 책을 출간하거나 전문 분야 교육을 진행하면 자연스럽게 전문가로서의 이미지를 형성할 수 있으며, 업계 내에서의 신뢰와 공신력도 크게 높아진다.

나 역시 이런 방식으로 꾸준히 인지도를 쌓아왔다. 세 권의 책을 출간했고 유데미(Udemy), 가인지캠퍼스 같은 온라인 플랫폼에 지속적으로 강의를 개발해서 올렸다. 기회가 닿을 때마다 외부 플랫폼을 활용해 전문가로서의 입지를 강화해왔다.

혹시 독자들 중에는 "나는 제조업이나 서비스업을 하는데 과연 어떤 교육을 할 수 있을까"하고 의문을 품을 수도 있다. 하지만 앞에서 살펴본 사례들처럼 어떤 업종이든 자신만의 전문성을 교육 콘텐츠로 발전시킬 수 있다. 집꾸미기는 인테리어 노하우를, 자비스는 세무 회계 가이드를, 채널톡은 고객 응대 전략을 콘텐츠로 활용했듯이 말이다. 어떤 분야든 그 분야만의 독특한 노하우와 경험이 있고, 이를 필요로 하는 사람들이 반드시 존재한다.

최근에는 국내외 다양한 온라인 교육 플랫폼을 통해 누구나 전문가로서 이름을 알릴 수 있는 기회가 풍부하다. 패스트캠퍼스, 클래스101 등 국내 플랫폼은 물론이고 유데미 같은 글로벌 플랫폼에도 적극 도전해 보자. 이를 통해 더 넓은 고객층과 소통할 수 있고, 동시에 브랜드의 영향력과 신뢰성을 높이는 데 큰 도움이 될 것이다. 그동안 제작한 콘텐츠 중 반응이 좋았던 주제들을 선정하여 교육 커리큘럼을 구성하면, 이미 고객의 관심과 호응이 검증된 콘텐츠로 전문가로서의 권위를 확보하는 데 더욱 빠르고 효과적일 것이다.

뉴스레터, 지극히 개인적인 소통 창구

뉴스레터는 고객의 이메일함으로 직접 전달되는 가장 직접적인 세일즈 수단이다. 이메일이라고 하는 지극히 개인적인 공간으로 전달되는 채널인 만큼 어떻게 운영하느냐에 따라 고객의 집중도와 관심도를 높일 수 있다. 뉴스레터는 고객이 우리 브랜드를 지속적으로 기억하고 신뢰하게 만드는 데 탁월한 역할을 한다. 고객이 흥미롭고 유익한 콘텐츠를 정기적으로 받다 보면 자연스럽게 우리 브랜드의 팬이 되고 다음 글을 기다리게 된다.

그러나 이런 강력한 효과에도 불구하고 잘못된 접근법을 쓰면 오히려 고객의 마음에서 멀어질 수 있다. 뉴스레터를 제품이나 서비스 홍보의 수단으로만 쓰면 고객들은 빠르게 싫증을 내고 스팸으로 분류하거나 구독을 해지하게 된다. 진정한 뉴스레터의 힘은 고객이 기대하고 필요로 하는 콘텐츠를 적절한 시기에 제공하여 자연스럽게 브랜드와 고객 사이의 관계를 만들어가는 데 있다.

이런 측면에서 성공적인 뉴스레터 운영 사례로 네덜란드의 글로벌 파일 전송 서비스 기업 위트랜스퍼(WeTransfer)의 '위프리젠트'를 들 수 있다. 위트랜스퍼는 자사의 기술적 장점을 직접적으로 홍보하는 대신 미술, 디자인, 사진, 영화 등 다양한 분야에서 활동하는 크리에이터들의 작품과 인터뷰를 뉴스레터에 담는다. 이로써 고객들은 위트랜스퍼를 단순한 파일 전송 서비스가 아니라 창의성을 지원하는 브랜드로 인식하며 신뢰와 애정을 느끼게 된다.

나 역시 비슷한 방식으로 뉴스레터를 운영하고 있다. 중요한 세미나나 웨비나 같은 이벤트가 있을 때뿐만 아니라 평소에도 블로그나 홈페이지에서 좋은 반응을 얻었던 콘텐츠들을 큐레이션하여 전달한다. 중요한 점은 우리 회사의 소식만을 전달하지 않는다는 것이다. 우리 회사와 직접적인 관련이 없더라도 세일즈 분야의 유용한 기사나 칼럼을 소개하고, 링크를 제공하는 방식으로 고객에게 더 넓은 가치를 제공한다. 이렇게 하면 고객들은 뉴스레터를 흔한 광고물이 아니라 업계 전반에 두움이 되는 유이한 정보로 받아들이게 된다. 성공적인 뉴스레터를 위한 3가지 핵심 원칙을 정리하면 다음과 같다.

첫째, 고객의 관심사에 초점을 맞춘다. 고객들이 뉴스레터를 통해 원하는 것은 제품 광고나 서비스 홍보 문구가 아니다. 최신 업계 트렌드, 비즈니스 팁, 활용 사례 등 고객이 관심을 가질 콘텐츠를 균형 있게 구성해 꾸준히 발송해야 한다. 이를 통해 고객은 우리 브랜드를 믿을 만한 정보의 원천으로 인식하게 된다.

둘째, 뉴스레터 발송 주기를 명확하게 설정한다. 너무 자주 보내면 피로감을 주고 너무 드물게 보내면 고객과의 관계가 약해진다. 경험상 뉴스레터는 월 1회 정도가 관심을 유지하는 데 가장 적절하다.

셋째, 이메일 자동화 도구를 활용하여 고객 데이터베이스를 효과적으로 축적한다. 메일침프(Mailchimp)나 스티비(Stibee) 같은 이메일 마케팅 자동화 도구를 사용하면 뉴스레터 구독 신청 플러그인을 손쉽게 홈페이지에 설치할 수 있다. 이를 통해 고객의 이메일 정보를 자동으로 수집하고 관리할 수 있다. 또한 세미나나 웨비나에서 확보한 고객 연락처가 엑셀로 정리되어 있다면 이를 통해 구독자 목록을 쉽게 확장할 수 있다. 이렇게 축적된 데이터베이스는 장기적인 마케팅 전략을 세우는 데 매우 유용한 자산이 된다.

성공적인 뉴스레터는 고객에게 유용한 정보를 제공한다. 위트랜스퍼 사례처럼 우리 제품이나 서비스 홍보에 머무르지 않고 고객이 진정으로 원하고 관심 있어 하는 콘텐츠를 제공해야 한다. 그렇게 고객의 관심을 꾸준히 유지하면 뉴스레터는 고객이 필요할 때 가장 먼저 떠올리는 브랜드가 되는 데 큰 도움이 된다.

투박해도 괜찮다. 당신이 콘텐츠다

김포에 위치한 코리아팩의 이야기는 인바운드 마케팅이 B2B 시장에서 얼마나 강력한 무기가 될 수 있는지를 증명하는 교과서 같은 사례다.

코리아팩은 식품, 화장품, 의약품 제조 라인에 들어가는 각종 포장기계를 전문으로 다루는 기업이다. 밴드실러부터 진공포장기, 캡핑기, 라벨러 등 취급하는 기계 종류만 해도 수백 가지가 넘는다. 보통 이런 제조 설비 분야의 기업들은 전통적인 영업 방식에 의존하는 경우가 많다. 기존 거래처의 소개를 받거나 일 년에 몇 번 열리는 산업 전시회에 부스를 차리고 명함을 돌리는 것이 영업의 전부인 경우가 태반이다. 하지만 나는 대표님과 직원들에게 이런 조언을 건넸다.

"고객은 기계의 스펙보다 내 공장의 문제가 해결되는 '장면'을 보고 싶어 합니다. 우리를 단순히 기계 파는 회사가 아니라 '포장에 대한 모든 정보를 알려주는 위키피디아' 같은 존재로 정의해 보시죠."

포장기계라는 제품의 특성상, 구매 결정 과정은 매우 신중할 수밖에 없다. 고객은 비싼 기계를 덜컥 사지 않는다. '내 용기에 이 기계가 맞을까?' '액체가 새지는 않을까?' '고장이 나면 어떻게 하지?' 수많은 고민을 안고 인터넷을 검색한다. 그래서 나는 바로 그 검색의 길목을 지키고 있어야 한다고 강조했다. 그로부터 5년이 지난 지금, 코리아팩은 어떻게 변했을까?

블로그에는 무려 1,000개가 넘는 포스팅이 쌓였고 유튜브에는 수십 개의 시연 영상이 아카이빙되어 있다. 그들이 올린 콘텐츠는 화려하게 편집된 홍보 영상이 아니다. 오히려 투박할 정도로 솔직하다. 실제 식품 공장에서 족발을 진공 포장하는 모습, 화장품 용기에 라벨이 정확하게 붙는 과정, 기계가 오작동할 때 현장에서 응급 조치하는 모습, 새로 들어온 캡핑기의 작동 테스트 영상 등. 이렇게 코리아팩은 지속적으로 현장에서 일어나는 일들을 기록하고 공유했다. 고객이 궁금해할 만한 모든 장면을 영상과 글로 기록하는 방식이다. 이 꾸준함은 시장에서 엄청난 인바운드 효과를 만들어냈다.

새로운 포장 라인을 고민하던 공장장이나 구매 담당자들은 검색 엔진이나 유튜브에서 정보를 찾다가 코리아팩의 콘텐츠를 만나게 된다. 1,000개가 넘는 설치 사례와 5년 넘게 꾸준히 업데이트된 채널을 보며 고객은 이렇게 생각할 수밖에 없다.

"이 회사는 진짜 전문가다. 그리고 내일 당장 회사가 사라질 곳은 아니구나."

이것이 바로 인바운드 마케팅의 핵심인 '선 신뢰, 후 세일즈' 구조다. 그러므로 코리아팩의 영업팀은 고객을 설득하는 것이 다른 회사보다 쉽다. 왜냐하면 이미 블로그와 유튜브를 통해 기계의 성능을 눈으로 확인하고 회사의 전문성을 신뢰하게 된 고객들이 "영상 속 그 모델, 우리 공장에도 설치 가능합니까?"라고 먼저 문의를 해 오기 때문이다. 인바운드 마케팅은 요행을 바라는 로또가 아니다. 농사와 같다. 고객이 필요로 하는 정보를 꾸준히 심고 가꾸면 그 콘텐츠들은 잠들지 않는 영업사원이 되어 24시간 내내 고객을 설득한다.

4장

모이는 곳에
기회가 있다
Event Sales

영업 마중물, 세미나와 웨비나

모든 것이 자동화되는 시대에 어떻게 실력을 증명하고 잠재 고객에게 다가설 수 있을까? 해결책은 라이브에 있다. 세일즈에서 말하는 라이브는 실시간으로 직접 소통하는 세미나와 웨비나를 말한다. 무엇보다 현장에서 즉각적으로 소통하고 반응할 수 있는 라이브 이벤트는 결코 자동화될 수 없다.

어떤 미래학자는 이런 흥미로운 가설을 제시하기도 한다. AI가 모든 것을 대체하는 시대가 되면 오히려 인간이 아무런 장비나 AI의 도움 없이 에베레스트 정상을 오르는 장면을 생중계하는 것에 사람들이 열광하게 될 것이라고. 충분히 설득력 있는 이야기다. AI

가 완벽한 가상현실 영상을 만들어낼 수 있는 시대에 거친 숨소리
와 함께 한 걸음씩 정상을 향해 오르는 인간의 모습은 그 어떤 기
술로도 대체할 수 없는 감동과 진정성을 전달할 것이다.

바로 이것이 세미나와 웨비나가 가진 대체할 수 없는 힘이다. AI
가 발전할수록 '인간만이 할 수 있는 일'의 가치는 더욱 커진다. 시
간이 흐를수록 고객들은 이런 라이브 이벤트에서 느껴지는 진정성
과 전문가로서의 실력을 더욱 높게 평가할 것이다. 완벽하게 편집
된 콘텐츠보다 때로는 어색하고 실수투성이더라도 진심이 담긴 라
이브 소통을 더 신뢰하게 될 것이다.

왜 무료 세미나인가

무료 세미나는 마중물과 같다. 처음에는 작은 투자와 노력이 필
요하지만 한 번 시작하면 지속적으로 고객이 찾아오는 선순환 구
조를 만들 수 있다. 진입 장벽이 낮기 때문에 평소 우리 서비스에
관심은 있었지만 선뜻 다가서지 못했던 잠재 고객들이 부담 없이
참여할 수 있다는 장점이 있다.

세미나는 일방향 소통이 아닌 쌍방향 소통의 장이다. 블로그 포
스팅이나 유튜브 영상, 제안서는 내가 전달하고 싶은 메시지를 일
방적으로 전달한다. 하지만 세미나에서는 실시간으로 참석자들의
반응을 확인하고 즉석에서 질문에 답하며 고객이 진짜 궁금해하는
것이 무엇인지 파악할 수 있다. 이런 생생한 피드백은 어떤 온라인

도구로도 대체할 수 없다.

무엇보다 세미나를 연다는 것 자체가 전문성이 있다는 증명이다. 누군가 앞에서 한 시간 이상 특정 주제에 대해 이야기한다는 것은 그 분야에 대한 깊이 있는 지식과 경험이 있어야만 가능하다. 온라인에서는 누구나 전문가인 척할 수 있지만 오프라인 세미나에서는 진짜와 가짜가 금세 드러난다. 또한 세미나는 강제적인 집중의 시간을 만들어낸다. 스마트폰 알림도, 다른 탭도 없는 순수한 학습 환경에서 참석자들은 온전히 발표자의 이야기에 집중한다. 이런 몰입도는 온라인 콘텐츠로는 만들어내기 어려운 강력한 임팩트를 남긴다.

그렇다면 왜 굳이 '무료'여야 할까?

누군가는 이렇게 생각할지도 모른다. "세미나 준비에 시간도 들고 장소 대여비도 드는데 무료로 한다는 건 너무 비효율적인 거 아닌가요?" 그 반대다. 무료 세미나는 단기 수익을 얻기 위한 도구가 아니다. 아직 우리를 잘 모르는 잠재 고객과의 접점을 만들어내기 위한 전략적인 투자다. 유료로 문턱을 세우면 정작 만나야 할 사람은 오지 않는다. 반면 무료로 문을 열어두면 시간이라는 지원을 들여 자발적으로 온 사람들을 만날 수 있다. 바로 그런 사람들이 진짜 타깃 고객일 가능성이 높다.

나 역시 사업 초기 아무런 기반이 없을 때 무료 세미나를 적극적으로 활용했다. 당시 나는 특정 세일즈 주제를 정해서 이벤터스 같은 모임 플랫폼에 포스팅하고 스터디룸이나 공유 오피스의 회의실을 대관해 소규모 세미나를 열었다. 참석자는 처음엔 5~6명에 불과했다. 하지만 그들과의 진지한 대화를 통해 시장에서 실제로 필요로 하는 것이 무엇인지 더 깊이 이해할 수 있었다. 이 경험은 내 콘텐츠와 서비스의 방향을 잡는 데 결정적인 힌트를 주었다. 이런 세미나들이 차곡차곡 쌓이면서 내 전문성에 대한 입소문이 퍼지기 시작했고 참석자들이 지인을 소개해 주면서 네트워크가 자연스럽게 확장됐다. 무엇보다 이때 만난 사람들은 단순한 팔로워가 아니라 내 콘텐츠에 진심으로 반응하고 적극적으로 피드백을 주는 '진짜 팬'이 되어 주었다.

무료 세미나의 한계와 대응 방법

무료 세미나에도 분명한 한계가 있다. 무료라는 특성상 구매 가능성이 전혀 없는 사람들이 참석하는 경우가 없지 않다. 시간을 때우려는 사람, 무료 정보만 얻고 떠나려는 사람까지 다양하다. 이런 참석자들은 세미나 분위기를 해치고 진짜 잠재 고객들의 집중을 방해하기도 한다.

이런 문제를 해결하기 위한 몇 가지 필터링 방법들이 있다.

1. 참가 신청서에 구체적인 질문 포함하기. 이름과 연락처만 받지 말고, "현재 어떤 비즈니스 챌린지를 겪고 계신가요?", "이

세미나를 통해 구체적으로 무엇을 얻고 싶으신가요?" 같은 질문을 포함한다. 진지한 참석자들은 성의껏 답변하지만, 그렇지 않은 사람들은 대부분 포기한다.

2. 소액의 보증금을 받고 돌려주기. 완전 무료가 아닌 1만 원 정도의 소액을 받고, 세미나 참석 시 현장에서 돌려주는 방식이다. 이 작은 장벽만으로도 진정성 없는 참석자들을 상당히 걸러낼 수 있다.

3. 참가 자격을 구체적으로 명시하기. 세미나 제목과 설명에서 "매출 1억 이하 소상공인 대상", "창업 3년 차 이내 스타트업 CEO 한정" 처럼 구체적인 대상을 명시한다. 자신에게 해당하지 않는 사람들은 자연스럽게 제외된다.

4. 참가자에게 '준비물'을 요청하기. "명함 1장 지참해 주세요", "현재 사용 중인 마케팅 자료 1부를 가져와 주세요" 같은 작은 준비물을 요청한다. 진짜 관심 있는 사람은 이런 것도 감수하고 오지만, 아무 목적 없이 오려던 사람들은 이 정도에서도 걸러진다.

이런 방법들을 적절히 조합하면 무료 세미나의 장점은 살리면서도 불필요한 참석자들로 인한 피해는 최소화할 수 있다. 결국 중요한 것은 무료라는 혜택을 진정으로 필요로 하고 감사해할 수 있는 사람들에게 제공하는 것이다.

웨비나: 세미나를 온라인으로

웨비나는 오프라인 세미나의 장점을 온라인으로 확장한 도구다. 지역적 제약 없이 더 많은 사람들에게 접근할 수 있고 녹화된 내용을 추후 콘텐츠로 재활용할 수 있다는 장점이 있다. 웨비나의 경우도 실시간 라이브로 진행되기 때문에 참석자들은 준비된 콘텐츠가 아닌 '지금 이 순간' 진행되는 생생한 소통을 경험하게 된다. 예상치 못한 질문에 즉석에서 답하고 실시간으로 반응하며 대화하는 모습에서 참석자들은 진정성을 느낀다. 오프라인 세미나만큼은 아니더라도 충분히 그 가치를 인정받을 수 있는 강력한 경험이다.

웨비나에서 가장 중요한 것은 주제 선정이다. 콘텐츠 선정이 어렵다면 그동안 발행한 콘텐츠 중 가장 반응이 좋았던 주제 하나를 골라 진행하면 부담이 훨씬 줄어든다. 이미 고객의 관심이 충분히 검증된 주제로 웨비나를 진행하면 참여율과 만족도를 높일 수 있다. 특히 타깃 고객이 구체적으로 관심을 가질 만한 실용적인 주제를 선정하는 것이 중요하다. 모객이 걱정된다면 혼자 모든 것을 진행하기보다는 관련 분야의 다른 전문가와 협업하여 공동으로 진행하는 방식을 권한다. 공동 진행을 하면 보다 풍부하고 전문적인 콘텐츠를 제공할 수 있을 뿐 아니라 두 사람의 네트워크와 팔로워를 모두 활용할 수 있어 효과가 더욱 극대화된다. 또한 혼자 진행할 때보다 부담이 줄어들고 서로 다른 관점에서 주제를 다룰 수 있어 참석자들에게도 더욱 풍성한 인사이트를 제공할 수 있다.

참가자를 고객으로 전환하는 법

세미나, 웨비나를 단순한 정보 제공의 장으로만 활용한다면 그 가치를 절반도 활용하지 못하는 것이다. 당신의 시간과 비용을 들여 가치를 제공했으니 참석자들을 잠재 고객, 나아가 실제 고객으로 전환하려는 노력은 당연하고 필요하다.

세미나 진행 중에는 전문성과 서비스를 자연스럽게 드러내는 것이 중요하다. "저희가 작년에 진행한 A회사 프로젝트에서는…"이나 "저희 고객 중 한 분이 이 방법으로 매출을 30% 늘리셨는데…" 같은 방식으로 구체적인 사례를 통해 역량을 증명하자. 직접적인 홍보가 아닌 증거를 제시하는 방식이기 때문에 참석자들도 거부감 없이 받아들인다.

세미나 후반부에는 보다 적극적인 접근이 필요하다. "오늘 알려드린 내용들이 이론적으로는 간단해 보이지만 실제 비즈니스에 적용할 때는 개별 상황에 맞는 세밀한 조정이 필요합니다"라고 한계를 인정한 뒤, 자연스럽게 다음 단계를 제시하는 것이다.

가장 효과적인 방법 중 하나는 특별한 혜택을 제공하는 것이다. "오늘 참석해주신 분들에게만 특별한 혜택을 드리겠습니다. 지금 상담 신청하시면 30만 원인 전략 컨설팅을 무료로 제공해드립니다. 단, 오늘 밤 12시까지만 유효합니다"처럼 시간 제한을 두면 즉시 행동을 유도할 수 있다. 단계별 후속 프로그램을 설계하는 것도 중요하다. 세미나에서 무료 일대일 상담으로, 그 다음엔 유료 워크숍으로, 최종적으로는 본격적인 서비스 계약으로 이어지는 자연스러운 깔때기를 만들어야 한다. 각 단계마다 참여 장벽을 조금씩 높이면서 진짜 고객을 선별해 보자.

지금 당장 구매 결정을 내리기 어려운 참석자들을 위해서는 구매 의향서와 할인 혜택을 조합한 방법을 제시한다. "지금 당장 결정하기는 어려우시겠지만 구매 의향서만 작성해주시면 향후 20% 할인 혜택을 드립니다. 의무는 전혀 없습니다. 나중에 준비되셨을 때 연락 주세요"라고 제안하면 부담 없이 연락처를 남겨주는 경우가 많다. 제한된 자리를 어필하는 것도 효과적이다. "다음 달 심화 워크숍은 딱 12명만 받습니다. 오늘 참석해주신 분들께 우선권을 드리니 관심 있으시면 먼저 자리를 확보해두세요"처럼 희소성을 강조하면 즉시 행동을 유도할 수 있다.

참석자들의 연락처를 확보한 후에도 후속 관리가 필요하다. 세미나 다음날 감사 메일과 함께 추가 자료를 제공하되 그 안에 자연스럽게 "더 궁금한 점이 있으시면 언제든 연락 주세요"라는 식의 문구를 넣는다. 일주일 후에는 "세미나 내용을 실제로 적용해보셨나요? 어려운 부분이 있으시면 도와드릴게요"라는 후속 메일을 보내면서 관계를 지속해 나가야 한다.

세미나 현장을 사진이나 영상으로 촬영해 "지난주 세미나 현장", "참석자분들의 뜨거운 반응" 같은 제목으로 SNS와 블로그에 게시하는 것도 좋은 확장 전략이다. 이는 전문성을 보여주는 동시에 다음 세미나 참석을 유도하는 효과도 있다.

무료 세미나는 자선사업이 아니다. 먼저 가치를 제공했으니 그에 상응하는 비즈니스 결과를 만들어내는 것이 마땅하다. 이 모든 과정이 자연스럽고 진정성 있게 느껴져야 한다. 참석자들이 "정말 도움이 되었고, 이 사람들과 더 일해보고 싶다"고 생각하게 만드는 것이 궁극적인 목표다.

용기를 내어 자신 있는 분야에서 사람들을 모집하고 세미나, 웨비나를 열어보자. 고객과 직접 소통하고 공신력을 확보하며 이후 온라인 콘텐츠로 확장까지 가능한 일석삼조의 효과를 거둘 수 있다. 이 강력한 채널을 적극 활용하여 신뢰도와 고객 관계를 한 단계 더 끌어올려보자.

전시회와 컨퍼런스 200% 활용법

전시회와 컨퍼런스는 고객을 발굴할 수 있는 매우 특별한 기회다. 평소라면 개별적으로 만나기 어려운 업계 관계자들이 한 곳에 모이는 공간이기도 하다. 더 중요한 것은 여기에 참가하는 사람들이 이미 우리 업계에 관심이 있는 예비 고객일 가능성이 높다는 점이다. 그들은 구경꾼이 아니라 실제 구매력과 의사결정권을 가진 잠재 고객들이다. 온라인에서는 수십 번의 이메일을 주고받아도 성사되지 않는 미팅이 전시회 현장에서는 단 5분의 대화로 이뤄지기도 한다. 대면 접촉이 주는 신뢰감 그리고 '지금 여기'라는 현장감이 만들어내는 시너지 효과라 하겠다.

하지만 안타깝게도 상당수 기업들이 전시회와 컨퍼런스를 단순한 정보 수집이나 업계 관계자들과 인사를 나누는 자리 정도로 여긴다. 그러나 제대로 준비하고 실행하면 전시회 현장은 매우 강력한 고객 발굴 채널이 된다.

참가 전, 현장에서 헤매지 않으려면 이렇게 준비하라

'부스에 앉아 기다리겠다'거나 '그냥 가서 둘러보겠다'는 생각으로는 절대 성공할 수 없다. 성공적인 전시회 참가는 철저한 사전 준비에서 시작된다.

먼저 주최 측에서 제공하는 참가자 명단이나 앱, 사전 브로셔 등을 통해 잠재 고객 리스트를 확보하자. 요즘은 많은 전시회 주최 측에서 참가자용 앱을 제공하는데 여기서 참가 기업 리스트나 개별 참가자 정보를 미리 확인할 수 있다. 관심 있는 참가자나 기업에는 사전에 미팅 요청 메시지를 발송하고 사전 접촉을 시도하자. 직접 부스를 운영할 계획이라면 현장에서 던질 질문과 콜투액션을 사전에 준비하고 연습해두는 것이 필요하다. 예를 들어 "오늘 인상 깊게 보신 제품 있으셨나요?" "혹시 저희 서비스와 관련된 니즈가 있으세요?" 같은 간단한 오프닝 질문만으로도 자연스럽게 대화가 시작된다. 그리고 후속 미팅을 약속하기 위한 말까지 준비해두어야 한다.

전시회 일정표를 꼼꼼히 분석하는 것도 필요하다. 어떤 세션이 언제 열리는지, 점심시간과 휴식시간이 언제인지, 네트워킹 시간은 언제 마련되어 있는지를 파악해 고객을 발굴할 시간을 염두에 두어야 한다.

행사 중. 후속 연락을 위한 라포를 만들어라

전시회 당일은 실전이다. 단순히 명함을 많이 모으는 것이 목적이 아니다. 목표는 후속 미팅으로 이어질 수 있는 컨택트 포인트를 확보하는 것. 점심시간, 휴식시간, 세션 사이의 공백 시간이 가장 바쁜 시간이 될 수 있다.

부스를 운영하는 경우

부스를 운영할 때는 수동적으로 기다리지 말고 적극적으로 다가오는 참가자들에게 말을 걸어보자. "가장 인상 깊게 보신 부스가 있으세요?" "어떤 계기로 이 전시회에 참석하게 되셨나요?" 등과 같은 질문으로 시작하면 자연스럽게 대화가 이어진다. 리드 시트(Lead Sheet, 잠재 고객 기록지)를 준비하여 간단한 고객 정보(이름, 소속, 관심 제품, 현장에서 나눈 대화 내용 등)를 빠르게 기입하자. 이때 작은 기념품이나 할인쿠폰, 유용한 자료집 등을 제공하면서 "간단한 정보만 적어주시면 이 자료를 드릴게요"라고 제안하면 참가자들이 훨씬 부담 없이 정보를 제공한다.

방문자에게 "이후에 어떤 방식으로 연락드리면 좋을까요? 이메일이 편하시면 유용한 자료도 함께 보내드릴 수 있어요"라는 질문을 통해 후속 조치 동의를 얻어야 한다. 단순한 연락처 수집이 아닌 상호 가치 교환의 관점에서 접근하면 참가자들도 더 적극적으로 협조하게 된다. 부스 운영 시 가장 중요한 것은 상대방의 진짜 니즈를 파악하는 것이다. "지금 회사에서 가장 큰 챌린지는 무엇인가요?" "이런 문제를 해결하기 위해 어떤 시도를 해보셨나요?" 같은 질문을 통해 상대방의 상황을 깊이 이해하려 노력해야 한다.

일반 참가자인 경우

나는 2020년부터 미국에 본사가 있는 글로벌 파트너스 트레이닝(Global Partners Training)의 한국 대표 퍼실리테이터로 일하고 있다. 매년 10월이면 싱가포르에서 열리는 SSOW(Shared Services & Outsourcing Week) 컨퍼런스에 참석한다. 여기서 수백 명의 참가자를 상대로 리드 제너레이션(Lead Generation)을 하는 것이 나의 주요 미션 중 하나다.

방법은 생각보다 단순하다. 컨퍼런스 휴식 시간, 커피 타임, 점심 시간을 적극 활용한다. 이런 시간에 자연스럽게 다른 참가자들과 명함을 주고받으면서 인사를 나누고 그들의 업무와 참가 이유를 물어보며 라포를 형성한다. 핵심은 진정성 있는 관심과 호기심이다. "저는 이번 세션이 너무 공감이 갔는데, 어떠셨어요?" "회사에서는 주로 어떤 업무를 담당하고 계세요?" "이번 컨퍼런스에 참석하신 특별한 이유가 있나요?" 같은 질문들로 자연스럽게 대화를 이어간다. 그러면서 나와 우리 회사를 소개하고 상대의 관심사와 연결되는 주제를 제안하며 후속 미팅을 잡는다.

중요한 것은 판매보다는 관계 맺기다. 바로 제품을 팔려고 하지 말고, 상대방의 니즈와 관심사를 파악하고 진정한 도움을 줄 수 있는 방법을 찾는 데 집중해야 한다. "혹시 세일즈 리더십 개발 관련해서 고민이 있으시면 언제든 연락 주세요. 도움이 될 만한 자료나 인사이트를 공유해드릴 수 있을 것 같아요"처럼 먼저 가치를 제공하겠다는 자세를 보여야 한다.

행사 후, 반드시 후속 연락하라

전시회는 끝났지만 진짜는 이제부터다. 많은 사람들이 현장에서는 열심히 활동하다가 집에 돌아가면 그대로 흐지부지되는 경우가 많다. 하지만 후속 관리야말로 전시회 참가의 숨은 핵심이다.

수집한 명함과 리드 시트는 모두 CRM이나 엑셀에 입력하자. 이 때 연락처만 입력하는 것이 아니라 현장에서 나눈 대화 내용, 상대방의 관심사, 약속한 후속 조치, 상대방의 현재 상황과 니즈 등을 함께 기록해야 한다. 시간이 지나면 기억이 흐릿해지기 때문에 당일 저녁이나 늦어도 다음날 오전에는 정리를 마쳐야 한다.

이벤트에서 만난 잠재 고객에게는 맞춤형 후속 메일도 보내야한다. 단순한 인사 메일이 아니라 행사장에서 어떤 대화를 나눴는지를 간단히 요약하고 구체적인 다음 행동을 제안해야 한다. "어제 SSOW에서 만나 뵙고 즐거운 대화를 나눴습니다. 말씀해주신 팀 리더십 챌린지와 관련해서 도움이 될 만한 자료를 첨부해드립니다. 다음 주 중 30분 정도 화상 미팅이 가능하실까요?"와 같은 식으로 구체적이고 개인화된 메시지를 작성하자.

내 경우에는 싱가포르에서 만난 잠재 고객들과는 한국에 돌아와서 1~2주 내에 줌 미팅을 실시한다. 이때가 바로 본격적인 영업 단계로 넘어가는 시점이다. 현장에서 형성된 라포와 신뢰를 바탕으로 상대방의 구체적인 니즈를 파악하고 우리가 제공할 수 있는 솔루션을 제안한다. 전시회에서의 짧은 대화가 실제 비즈니스로 연결되는 순간이다. 후속 미팅에서는 전시회에서 나눈 대화를 다시 언급하며 시작하는 것이 좋다. "지난 SSOW에서 말씀해주신 팀 성과 관리 이슈에 대해 더 자세히 얘기해보고 싶어서 연락드렸습니다"처럼 연결고리를 명확히 하면 상대방도 편안하게 대화에 참여할 수 있다.

마지막으로, 행사에서 느낀 인사이트나 세션 후기를 블로그나 뉴스레터로 공유하면 해당 참가자뿐 아니라 다른 잠재 고객에게도 자연스럽게 콘텐츠로 다가갈 수 있다. "올해 SSOW 컨퍼런스에서 만난 흥미로운 트렌드"와 같은 제목으로 포스팅을 작성하면 현장에서 만나지 못한 사람들에게도 우리의 전문성을 어필할 수 있다. 이런 콘텐츠는 블로그 노출에도 도움이 되고 향후 전시회 참가 시 우리의 신뢰도를 높이는 데도 도움이 된다.

전시회와 컨퍼런스는 적극적인 비즈니스 기회 창출의 장이다. 철저한 준비와 전략적 접근, 그리고 체계적인 후속 관리가 결합될 때 비로소 진정한 성과를 얻을 수 있다. 다음 전시회에 참가할 때는 이 모든 과정을 염두에 두고 준비해 보자. 분명 전에 없던 성과를 경험하게 될 것이다.

관계를 강화하는 소규모 네트워킹

대규모 세미나나 전시회가 넓은 그물이라면, 소규모 네트워킹 모임은 정밀한 낚시다. 5~15명 정도의 작은 규모로 진행되는 모임은 참석자와 깊이 있는 관계를 맺을 수 있는 최적의 환경을 제공한다. 여기서는 표면적인 명함 교환이 아닌 진정한 신뢰 관계가 형성된다. 소규모 네트워킹의 가장 큰 장점은 친밀감이다. 대규모 이벤트에서는 수십 명, 수백 명과 짧은 인사를 나누지만 소규모 모임에서는 한 사람 한 사람과 충분한 시간을 가지고 대화할 수 있다. 이런 환경에서 형성된 관계는 비즈니스 네트워크를 넘어 장기적인 파트너십으로 발전할 가능성이 높다.

소규모 네트워킹 모임의 종류와 특징

소규모 네트워킹 모임은 다양한 형태로 기획할 수 있다. 가장 일반적인 형태는 정기 모임이다. 월 1회 또는 분기별로 같은 업계 종사자들이나 관심사가 비슷한 사람들을 모아 진행하는 방식이다. "디지털 마케팅 전문가 모임", "스타트업 CEO 조찬회" 같은 형태로 운영할 수 있다.

주제별 소규모 워크숍도 대표적인 방식이다. 특정 주제에 대해 깊이 있게 다루면서 참석자들이 각자의 경험과 인사이트를 공유하는 방식이다. 예를 들어 "고객 유지율 향상 전략 워크숍"을 10명 내외로 진행하면서 각자 실제 사례를 발표하고 토론하는 형태다. 얼핏 보면 그저 스터디에 불과할 것 같지만 시간이 쌓이고 관계가 증진되다 보면 서로가 서로를 소개해 줄 수도 있고 업계의 소식을 공유하면서 기회를 포착할 수도 있다.

독서모임도 주목할 만하다. 공통의 학습 목표를 가지고 모이는 사람들은 자연스럽게 깊은 대화를 나누게 되고, 서로의 전문성을 인정하며 신뢰 관계를 형성할 수 있다. 비즈니스가 직접적인 목적이 아니기 때문에 오히려 더 진정성 있는 관계가 만들어지기도 한다. 직접적인 비즈니스 효과는 크지 않을 수 있지만, 취미 기반 모임도 좋은 방법이다. 골프, 등산, 와인 시음 등 공통의 취미를 가진 사람들과 만나는 자리는 자연스럽게 경계를 허물고 진솔한 관계를 형성할 수 있게 한다.

소규모 네트워킹 모임 기획하기

성공적인 소규모 네트워킹 모임을 위해서는 철저한 기획이 필요하다. 먼저 명확한 목적과 주제를 설정해야 한다. "그냥 만나서 인사나 하자"는 막연한 목적으로는 의미 있는 모임을 만들기 어렵다. "AI 도입 사례 공유", "해외 진출 경험담", "팀 빌딩 노하우" 등 구체적이고 참석자들에게 실질적 도움이 되는 주제를 선정해야 한다.

참석자 선별도 중요하다. 잠재 고객만 모으는 것이 아니라 서로에게 가치를 줄 수 있는 사람들을 균형 있게 초청해야 한다. HR 솔루션을 판매하는 스타트업이라면 HR 담당자들뿐만 아니라 경영진, 관련 컨설턴트, 동종업계 종사자 등을 적절히 조합해서 초청해야 한다. 이렇게 해야 참석자들이 서로에게서 얻을 것이 있다고 판단해 적극적으로 참여한다.

소규모 네트워킹에서 주최자가 반드시 책임져야 할 역할이 있다. 바로 진행자이다. 내가 모임을 주최했다면 참석자들을 소개해 주는 것을 넘어 의미 있는 대화가 자연스럽게 흘러가도록 이끌어야 한다. 이때 성급하게 '판매 모드'에 들어가지 않아야 한다. 노골적으로 영업을 시도하면 분위기가 급격히 차가워진다. 대신 진정한 관심과 도움을 주려는 자세로 접근해야 한다. "혹시 이런 분야 전문가를 찾고 계신다면 제가 아는 분을 소개해드릴 수 있어요" 같은 식으로 먼저 가치를 제공하는 자세를 보이는 것이 효과적이다.

사례: 독서모임

2024년부터 나는 트레바리에서 "제안하고 클로징 하는 기술"이라는 독서모임의 클럽장을 맡고 있다. 매월 1회, 세일즈와 관련된 도서를 함께 읽고 토론하는 모임이다. 처음에는 독서 토론이 목적이었지만 몇 개월이 지나면서 예상치 못한 일들이 벌어지기 시작했다.

모임 참석자들은 다양한 업계의 세일즈 담당자, 교육담당자, 사업개발 담당자들이었는데 매달 만나면서 책 내용을 토론하다 보니 자연스럽게 현실적인 세일즈 고민들을 주고받게 됐다. 흥미롭게도 내가 의도하지 않았음에도 자연스럽게 조언자 역할을 하게 됐다. 다른 참석자들이 세일즈 관련 질문을 던지면 내가 답변하고 경험을 공유하는 일이 많아졌고 점차 사람들은 나를 독서모임 클럽장이 아니라 세일즈 분야 전문가로 인식하기 시작했다.

6개월 정도 지나자 실질적인 비즈니스 기회들이 생기기 시작했다. 한 참석자는 자신의 회사 세일즈 교육을 의뢰했고, 다른 참석자는 세일즈 프로세스 개선 컨설팅을 요청했다. 의도하지 않았지만 자연스럽게 고객 발굴이 이루어진 것이다. 더 중요한 것은 이

모임을 통해 세일즈 업계 내에서의 네트워크가 크게 확장되었다는 점이다. 참석자들이 각자의 네트워크에서 나를 "세일즈 전문가"로 소개해주기 시작했다. 개인 브랜드가 자연스럽게 형성됐다. 트레바리라는 플랫폼의 신뢰도와 독서모임이라는 진지한 분위기가 결합되어 전문성 인식이 더욱 강화된 것이다. 이 경험을 통해 소규모 네트워킹 모임의 진정한 힘은 자연스러움에 있다는 것을 깨달았다. 노골적인 영업을 목적으로 하지 않고, 진정한 가치 교환과 관계 형성에 집중할 때 더 큰 비즈니스 성과가 따라온다.

소규모 네트워킹 모임은 즉각적인 성과를 기대하기보다는 장기적인 관점에서 접근해야 한다. 꾸준히 진정성 있게 운영한다면 어떤 마케팅 채널보다도 강력하고 지속가능한 고객 발굴 채널이 될 수 있다. 다음 달부터 작은 모임 하나를 기획해보는 것은 어떨까? 분명 예상치 못한 기회들이 찾아올 것이다.

충성 고객을 위한 프라이빗 이벤트

신규 고객을 확보하는 것도 중요하지만, 기존 고객과의 관계를 깊게 만드는 것도 사업의 영속성 측면에서 중요하다. 신규 고객 유치 비용은 기존 고객 유지 비용보다 5~25배 더 많이 든다고 알려져 있다. 그럼에도도 많은 기업은 신규 고객 확보에만 집중하고 정작 기존 고객 관리는 뒷전으로 미루는 경우가 많다. 프라이빗 이벤트는 기존 고객과의 감정적 유대를 강화하고, 그들을 우리 비즈니스의 진정한 파트너로 만드는 전략적 투자다. 잘 기획된 고객 이벤트는 이탈을 방지하고 추가 구매를 유도할 뿐만 아니라, 고객을 가장 강력한 '영업사원'으로 바꿔 놓는다.

고객 간담회

고객 간담회는 가장 기본적이면서도 강력한 고객 관계 강화 도구다. 형식적인 자리가 아니라 고객의 목소리에 진심으로 귀 기울이는 자리여야 한다.

가장 중요한 것은 적절한 규모다. 참여 고객이 너무 많으면 깊이 있는 대화가 어렵다. 5~10명 내외로, 업종이나 상황이 유사한 고객끼리 그룹핑해 초청하는 것이 효과적이다. 적당한 규모로 초대해야 초대받은 분들도 자신이 선택받은 사람이라고 느낀다. 간담회에서는 주최자가 말하는 시간보다 고객이 말하는 시간이 많아야 한다.

"최근 업계 트렌드 중 가장 주목하고 계신 건 무엇인가요?"

"저희 서비스 이용 중 만족스러웠던 점과 아쉬웠던 점은 무엇인가요?"

이처럼 열린 질문으로 진솔한 의견을 듣는 것이 중요하다. 무엇보다 피드백에 대한 후속 조치를 잊지 말자. 간담회 후 2주 이내에 개선 계획이나 대응 방안을 공유하면 고객은 "이 회사는 정말 우리 이야기를 듣고 실제로 반영을 하는구나"라는 신뢰를 갖게 된다.

VIP 방문 이벤트

VIP 고객을 대상으로 한 방문 이벤트는 고객 충성도를 높이는 강력한 방법이다. 핵심은 특별한 경험을 제공하는 데 있다.

- 회사 투어: 평소에 쉽게 볼 수 없던 제품 개발 과정, 품질관리 방식, 실제 팀원들의 작업 현장 등을 공개하면, 고객은 우리 브랜드에 더 깊은 애정을 갖게 된다.
- CEO와 미팅: 바쁜 경영진이 고객 한 사람을 위해 시간을 내주는 그 자체가 큰 의미다. 이때는 업무보다 업계 흐름이나 개인적인 관심사에 초점을 맞춘 대화를 나누는 것이 좋다.

기념일 축하

고객의 특별한 날을 기억하고 축하해 주는 것은 돈 들이지 않고 감동을 줄 수 있는 방법이다. 단 형식적인 메시지는 금물이다. 스팸으로 취급당할 수 있다. 개인화된 축하 메시지를 전해야 한다. 이를 위해서라도 평소에 고객 정보를 잘 관리해야 한다.

- 계약 체결 기념일: "저희와 함께한 지 벌써 1년이 되었습니다" 같은 메시지와 함께 성과 요약이나 의미 있는 숫자를 전달하면, 고객은 우리가 관계를 소중히 여긴다는 걸 느낀다.

- 개인 기념일: 기존 고객의 생일, 승진 같은 개인적 기념일을 챙기면 자연스럽게 감동을 줄 수 있다.

고객 추천 프로그램 (레퍼럴)

기존 고객이 새로운 고객을 소개해주는 것만큼 효과적인 마케팅은 없다. 신규 고객을 유치하는 것이 얼마나 힘든 일인지는 모든 사업자가 잘 안다. 온라인 광고, 영업사원 인건비, 마케팅 이벤트 등을 통해 신규 고객 한 명을 유치하는 데 드는 평균 비용을 계산해 보라. 신규 고객 1명을 유치하는 데 100만 원이 든다면 그 절반인 50만 원을 기존 고객에게 인센티브로 제공해도 충분히 수익성이 있다는 계산이 가능하다. 추천으로 유입된 고객은 보통 더 오래 머물고, 더 많이 구매하며 다시 추천까지 해주는 선순환 구조를 만들어낸다.

구체적인 예시로 살펴보자. A회사가 온라인 광고를 통해 고객을 유치할 때의 비용 구조는 다음과 같다.

- **온라인 광고의 경우**
  - 광고비 500만 원으로 1,000명의 잠재 고객을 확보
  - 이 중 100명이 상담 신청 (전환율 10%)
  - 최종적으로 10명이 계약 (전환율 1%)
  - 결과적으로 고객 1명당 유치 비용은 50만 원 (500만 원 ÷ 10명)

• 레퍼럴(고객 추천)의 경우

- · 기존 고객의 추천으로 10명의 잠재 고객이 유입

- · 이 중 8명이 상담 진행 (전환율 80%)

- · 최종적으로 5명이 계약 (전환율 50%)

- · 추천 인센티브로 1인당 20만 원씩, 총 100만 원 사용

- · 결과적으로 고객 1명당 유치 비용은 20만 원 (100만 원 ÷ 5명)

광고를 통해 고객 1명을 확보하는 데에는 50만 원의 비용이 들지만 기존 고객의 레퍼럴 방식으로 고객을 유치하면 1명당 단 20만 원의 비용으로도 충분하다. 더욱이 추천을 통해 유입된 고객은 구매 전환율이 높을 뿐 아니라 구매 이후의 충성도도 높은 경향을 보인다. 따라서 레퍼럴 마케팅에 보다 적극적으로 예산을 투자할 필요가 있다.

레퍼럴 마케팅의 성공 여부는 기존 고객에게 어떤 방식으로 인센티브를 설계하고 제공하느냐에 달려 있다. 경험상 노골적인 금전 보상보다는 서비스 크레딧이나 특별 혜택이 더 신뢰를 준다. 가령 "OO님께 소개해주신 분이 계약하시면 다음 달 서비스 이용료 20% 할인 혜택을 드립니다" 같은 방식이 효과적이다. 실제로 한 SaaS 회사는 추천한 고객에게는 3개월간 서비스 이용료 할인을, 추천으로 유입된 신규 고객에게는 첫 달 무료 체험을 제공한다. 이런 방식은 양쪽 모두에게 가치를 주면서도 서비스 사용 기간을 연장

시키는 효과까지 얻을 수 있다.

레퍼럴 프로그램을 기존 고객과의 신뢰 관계를 바탕으로 꾸준히 운영한다면 가장 비용 효율적이면서도 지속 가능한 고객 확보 채널이 될 수 있다. 마케팅 예산의 일정 부분을 레퍼럴 프로그램에 투자하는 것을 진지하게 고려해 보자.

신뢰도 높은 메신저가 되는 방법

세일즈에서 중요한 것은 '무엇을 말하느냐'가 아니다. 중요한 것은 '누가 말하느냐', 즉 메신저의 신뢰도다. 이른바 메신저 효과(Messenger Effect)라 불리는 이 개념은 전달되는 메시지의 내용보다 그것을 전달하는 사람의 신뢰도, 전문성, 이미지가 고객의 판단에 더 큰 영향을 미친다는 것을 의미한다. 아무리 훌륭한 제안을 해도, 고객이 그 말을 하는 '당신'이라는 사람을 신뢰하지 않으면 아무 소용이 없다. 반대로 메시지가 다소 빈약하더라도 메신저가 믿을 만한 사람이라면 고객은 마음을 연다. 같은 내용의 제안서라도 누가 발표하느냐에 따라 결과가 완전히 달라지는 것을 종종 목격할 수 있다.

메시지보다 중요한 '메신저'

나는 고객에게 어떤 이미지로 인식되고 있는가? 나의 말에 사람들은 신뢰를 느끼는가? 고객이 나를 통해 정보를 듣고 행동할 만큼 영향력을 갖추었는가? 만약 고객의 머릿속에 '전문가', '신뢰할 수 있는 사람', '내 편'이라는 이미지를 심을 수 있다면, 그 이후의 설득은 훨씬 수월해진다. 이는 개인의 능력이나 경력만의 문제가 아니다. 결국 어떻게 자신을 포지셔닝하고 어떤 방식으로 지속적으로 노출되느냐의 문제다.

같은 업계에서 비슷한 실력을 가진 두 사람이 있을 때 한 사람은 쉽게 고객을 확보하는 반면 다른 사람은 고생하는 경우를 자주 본다. 그 차이는 대부분 메신저로서의 신뢰도에서 나온다.

신뢰받는 메신저가 되기 위한 전략 3가지

첫째, 나만의 전문 분야를 명확히 하라. 전문성은 곧 신뢰다. 고객은 모든 걸 잘하는 사람보다는 한 가지 주제에 대해 깊이 알고 있는 사람에게 더 강한 신뢰를 느낀다. 당신이 고객 앞에 섰을 때, 상대는 "이 사람이 이 분야에서는 믿을 만하구나"라는 인상을 받는가? 단순히 경력이 오래되었다는 것만으로는 부족하다. 스스로에게 물어보자. "나는 어떤 분야에 평생을 바칠 사람처럼 보이는가?" 이 질문에 명확하게 답할 수 있어야 한다. 단순히 마케팅 전문가라고 하는 것보다는 B2B SaaS 마케팅 전문가 또는 스타트업 세일즈 전문가처럼 구체적으로 포지셔닝하는 것이 효과적이다. 영역을 좁게 설정할수록 그 분야의 전문성이 더욱 부각된다.

둘째, 외부의 권위를 빌려라. 자신이 가진 영향력이 부족하다면 미디어나 외부 플랫폼의 신뢰를 활용하라. 뉴스 기사에 실리는 것만으로도 사람들은 "이 사람이 뭔가 있구나"라고 느낀다. 메이저 언론이 아니어도 좋다. 업계 전문 매체나 블로그도 충분히 효과적이다. '트래픽이 있는 곳'에 당신의 콘텐츠나 이름이 반복적으로 노출되도록 하는 것이 중요하다. 나는 스타트업세일즈연구소를 처음 알릴 때, 모비인사이드 같은 전문 매거진에 꾸준히 콘텐츠를 기고하면서 큰 전환을 만들었다. 이런 외부 매체의 권위와 트래픽을 활용하는 것이 개인 브랜딩에 얼마나 효과적인지 직접 경험할 수 있었다.

셋째, 사람을 모으는 사람이 되자. 사람을 모을 수 있는 사람은 자연스럽게 신뢰를 얻는다. 앞서도 언급했던 세미나, 웨비나 같은 이벤트는 전문가 포지셔닝의 가장 현실적인 방법이다. '전문가의 자리에 앉는 것' 자체가 메시지가 된다. "이런 행사를 주최할 정도면 뭔가 있겠지"라는 생각이 보이지 않는 권위를 만들어낸다.

앞서 다뤘듯이 세미나나 웨비나를 주최하는 것은 단순히 고객을 모으는 것 이상의 효과가 있다. 주최자로서 무대에 서는 순간, 당신은 자동으로 그 분야의 전문가로 인식된다. 참석자들은 "이 사람이 이런 행사를 열 정도면 정말 전문가구나"라고 생각하게 된다. 규모가 작아도 괜찮다. 5~10명이 모이는 작은 모임이라도 주최자로서의 권위는 동일하게 작동한다. 중요한 것은 지속성이다. 한 번의 이벤트로 끝나는 것이 아니라 정기적으로, 꾸준히 사람들을 모으는 활동을 이어가야 한다.

온라인에서도 사람을 모을 수 있다. 링크드인이나 페이스북 그룹을 만들어 운영하는 것, 정기적인 뉴스레터를 발행하는 것, 유튜브 채널을 운영하는 것 등이 모두 사람을 모으는 활동이다. 구독자나 팔로워가 많지 않아도 된다. 꾸준히 가치 있는 콘텐츠를 제공하면서 작은 커뮤니티라도 만들어가는 것이 중요하다.

신뢰는 일관성에서 나온다

하지만 고객이 믿는 사람은 '유명한 사람'이 아니라 '꾸준히 드러나는 사람'이다. 유튜브, 블로그, 뉴스레터, 기고, 소셜 미디어, 세미나 등 이 모든 채널은 결국 당신의 메신저 신뢰도를 쌓는 도구다. 중요한 것은 여러 채널에서 일관된 메시지와 이미지를 유지하는 것이다.

일관성을 유지하기 위해서는 먼저 브랜드 정체성을 명확히 해야한다. 나는 어떤 가치를 추구하는가? 어떤 문제를 해결하는 전문가인가? 어떤 톤과 방식으로 소통하는가? 이런 요소들이 모든 채널에서 일관되게 나타나야 한다. 예를 들어 세일즈 전문가로 포지셔닝하고 있다면 블로그 글도, SNS 포스팅도, 세미나 주제도 모두 세일즈와 관련된 내용이어야 한다. 어떤 때는 HR 이야기를 하고, 어떤 때는 재무 이야기를 한다면 전문성이 희석된다.

권위는 하루아침에 만들어지지 않는다

신뢰받는 메신저가 되는 것은 단거리 경주가 아니라 마라톤이다. 전문가로 인정받는 일은 하루아침에 이루어지지 않는다. 그러나 꾸준히, 일관되게 자신의 전문성을 드러내고 가치를 제공한다면 반드시 결과는 따라온다.

지금 당장 시작해야 한다. 완벽한 계획이 없어도 좋다. 자신이 잘 알고 있는 분야에 대해 블로그 글 하나를 쓰는 것, 작은 세미나 하나를 기획하는 것, 업계 매체에 기고를 시도해보는 것부터 시작하면 된다. 지금 이 순간에도 사람들은 '무엇을 말했는가'보다 '누가 말했는가'를 기준으로 판단하고 있다. 당신은 지금 어떤 메신저로 보이고 있는가? 고객들이 당신을 믿을 만한 전문가로 인식하고 있는가? 만약 아직 그렇지 않다면, 오늘부터라도 신뢰받는 메신저가 되기 위한 첫걸음을 내딛어보자.

제휴를 통한 파트너십

혼자서 모든 고객을 찾고 관리하는 데는 한계가 있다. 특히 스타트업이나 중소기업은 브랜드 인지도가 낮고 자원이 부족하기 때문에 고객을 발굴하고 확보하는 일이 더욱 어렵다. 이때 고려해야 하는 방법이 '제휴와 콜라보레이션을 통한 파트너십'이다.

파트너십은 '나의 힘이 부족하니 다른 곳의 힘을 빌리자'는 의존적 접근이 아니다. 내가 충분한 가치와 고객 기반을 확보했을 때 파트너십을 통해 그 효과를 배가할 수 있다. 파트너십은 0에서 1을 만드는 도구가 아니라, 이미 가진 1을 10으로 키우는 '레버리지 전략'이다. 성공적인 파트너십의 핵심은 '상호 동등한 가치 교환'이다. 내가 상대방에게 제공할 명확한 가치가 있어야 상대방도 나에게 가치를 제공할 이유가 생긴다. 따라서 파트너십을 고려하기 전에 나만의 강점과 고객 기반을 먼저 구축해야 한다.

제휴와 협업은 우리의 브랜드를 기존 고객층 외부로 확장하여 새로운 잠재 고객을 효과적으로 확보할 수 있는 효율적인 방법이다. 특히 비슷한 고객층을 가진 브랜드나 기업과 협력하면 적은 비용으로도 효과적으로 고객의 관심을 얻을 수 있다.

바람직한 사례: 코리아런드리 × 쏘시오리빙

프리미엄 세탁 서비스를 제공하는 코리아런드리는 프리미엄 아파트 관리 앱 쏘시오리빙과 전략적 제휴를 맺었다. 쏘시오리빙은 자사 앱을 통해 아파트 입주민들에게 코리아런드리의 세탁 픽업 서비스를 소개했다. 코리아런드리는 이를 통해 양질의 신규 고객을 확보했다. 두 기업 모두 공통적으로 프리미엄 라이프스타일을 선호하는 고객층을 타깃으로 하여 고객의 편의성은 물론, 브랜드 신뢰도와 인지도를 함께 높였다.

이 사례가 성공한 이유는 비경쟁적 상호보완 관계를 형성했기 때문이다. 두 기업은 서로 경쟁하지 않으면서도 고객에게 추가적인 가치를 제공할 수 있는 관계다. 쏘시오리빙은 아파트 관리 서비스이고 코리아런드리는 세탁 서비스로 완전히 다른 영역이다. 그러나 같은 고객(프리미엄 라이프스타일을 추구하는 사람들)에게 각각 다른 편의를 제공한다.

이런 파트너십이 이상적인 이유는 다음과 같다.

- 한쪽이 이익을 얻는다고 다른 쪽이 손해를 보지 않는다
- 억지로 끼워 맞춘 것이 아니라 고객의 니즈에서 자연스럽게 연결된다
- 윈-윈 구조다.

성공적인 파트너십을 찾고 싶다면 "우리 고객이 우리 서비스 외에 또 어떤 서비스를 필요로 할까?"라는 질문에서 시작하라. 경쟁 관계가 아닌 상호보완 관계의 기업을 찾아 협력한다면, 모두에게

도움이 되는 지속 가능한 파트너십을 만들어낼 수 있다.

부적절한 사례: 스타트업 × 헤드헌터 파트너십 전략

한 B2B 소프트웨어 스타트업이 유명 헤드헌터에게 자사 제품을 기업 고객에게 대신 판매해달라고 제안했다. 헤드헌터가 기업 인사담당자들과 자주 만나니 그 접점을 활용해 소프트웨어도 함께 소개해달라는 내용이었다. 그런데 제안한 보상은 판매 성사 시 제품 가격의 3~5% 커미션뿐이었다.

이 사례가 실패한 이유는 보상이 충분하지 않았기 때문이다. 헤드헌터는 통상 연봉 6000만 원 수준의 인재를 소개할 때 연봉의 20~30%(1200만 원~1800만 원)를 성공 수수료로 받는다. 물론 헤드헌터가 몸담고 있는 써치펌과 수수료를 나누는 구조라 1000만 원보다는 낮지만 그래도 수백만 원은 된다. 헤드헌팅 한 건으로 수백만 원을 벌 수 있는 상황에서 소프트웨어 판매로는 기껏해야 푼돈정도의 커미션밖에 받을 수 없었다. 헤드헌터 입장에서는 투입 시간과 노력은 비슷한데 보상이 현저히 작으니 이 제안에 관심을 가질 이유가 전혀 없었다.

이 사례가 보여주는 핵심 원리는 '기회비용을 고려한 보상 설계'의 중요성이다. 파트너가 우리와 협력하는 대신 포기해야 하는 다른 기회들의 가치를 반드시 고려해야 한다. 상대방의 시간과 노력이 다른 곳에서 얼마나 큰 수익을 가져다주는지 파악하지 못하면,

아무리 좋은 아이디어라도 실패할 수밖에 없다.

여기서 우리가 배울 점은 다음과 같다.

- 상대방(파트너)이 본연의 업무를 수행했을 때 얻는 수익과 비교해 경쟁력 있는 보상을 제시해야 한다.
- 내가 그 사람이라면 이 제안을 받아들일 이유가 있는지 냉정하게 판단해야 한다.

성공적인 파트너십을 원한다면 먼저 "상대방이 우리와 협력했을 때의 이익이 다른 기회보다 더 매력적인가?"라는 질문부터 시작하라. 이 조건이 충족되지 않으면 아무리 좋은 아이디어라도 현실에서 실행하기 어렵다.

전시회는 명함 교환이 아니라 후속 미팅을 만드는 자리다

가산디지털단지에 있는 전자 부품 전문기업 카이트로닉스는 매년 여러 산업 전시회에 꾸준히 참여해왔다. 전시회는 다양한 업종의 잠재 고객을 한 자리에서 만날 수 있는 중요한 기회였지만, 실제 성과는 기대에 미치지 못했다. 표면적으로는 많은 사람들과 명함을 주고받았지만, 행사 이후 이를 기반으로 한 세일즈 전환율은 늘 낮았다.

원인을 살펴보니 카이트로닉스는 전시회에서 만난 고객과의 대화를 대부분 명함 교환으로 마무리하고 있었다. 짧은 대화를 나누고 명함을 받은 순간 관계가 끊겨버리는 모습이 반복됐다. 나는 컨설팅 과정에서 직원들이 전시회에서의 대화 방식과 행동 패턴을 바꿀 필요가 있다고 판단했다. 가령, 전시회에서의 대화는 그 자리에서 끝나는 것이 아니라 후속 미팅으로 이어질 수 있다는 인상을 남겨야 한다. 이 작은 액션이 있어야 행사 후 아웃바운드 콜을 하더라도 상대는 부담을 느끼지 않고, 오히려 "그때 이야기 나눴던 회사"로 자연스럽게 인지하게 된다.

나는 이 문제를 개선하기 위해 3가지 전략을 적용했다.

첫째, 명함 대신 리드 시트를 확보하는 방식으로 전환했다. 명함에는 이름과 직함 정도의 정보밖에 없다. 이것만으로는 고객의 니즈를 제대로 이해할 수 없다. 그래서 우리는 고급 기술 자료나 선물을 제공하는 조건으로 리드시트를 작성하도록 안내했다.

"간단히 체크만 해주시면 자료(혹은 선물)를 바로 드리겠습니다." 고객은 크게 부담을 느끼지 않았고 정보를 기입했다. 리드시트에는 연락처뿐 아니라 현재 공정에서의 고민, 관심 있는 제품군, 도입 검토 시기 등이 포함되어 있었다. 이 과정 덕분에 직원들은 명함이 아니라, 실제로 활용 가능한 잠재 고객의 리드(lead)를 확보할 수 있었다.

둘째, 대화를 끝맺을 때 반드시 '후속 미팅'을 암시했다. 많은 영업사원이 "살펴보시고 연락 주세요"라는 말로 수동적으로 관계를 종료한다. 이는 후속 연락을 어렵게 만드는 대표적인 패턴이다. 대신 이렇게 말해야 한다.

"오늘 말씀하신 A 부품 발열 이슈는 저희가 해결한 유사 사례가 있습니다. 전시회 끝나고 정리된 자료를 보내드릴 테니, 그때 조금 더 구체적으로 이야기 나누시죠." 이런 표현은 고객에게 부담을 주지 않으면서도 자연스럽게 후속 대화의 여지를 남긴다. 고객은 이후 연락이 와도 불쾌함이나 어색함을 느끼지 않고, 오히려 약속이 이어진다는 느낌을 받는다.

셋째, 행사 후 반드시 골든타임을 지키는 루틴을 정착시켰다. 전시회에서의 기억은 빠르게 희미해지기 때문에 '행사 후 2일 이내 이메일 발송, 1주일 이내 전화 연락'이라는 원칙을 세웠다. 이메일에는 전시장에서 나눈 대화를 간단히 언급하고, 약속했던 자료를 함께 첨부했다. 전화를 걸 때에도 "그날 말씀하신 내용이 떠올라 확인 차 연락드렸다"는 식으로 자연스럽게 이어갔다. 이 짧은 시간 안에 후속 행동이 이루어져야 고객의 관심이 식지 않고 유지된다.

이 3가지 변화는 카이트로닉스의 전시회 성과를 높였다. 과거에는 명함만 쌓이고 흐지부지됐던 후속 작업이 이제는 리드 시트 기반의 분석, 맞춤형 자료 발송, 후속 미팅으로 이어지는 체계적인 세일즈 프로세스로 전환됐다. 특히 리드 시트를 작성한 고객일수록 후속 전화에 긍정적으로 반응했고 미팅 전환율도 높았다.

전시회는 사교 모임이 아니다. 혼잡한 전시장에서 북적이는 인파 속에서 분위기에 매몰되지 마라. 현장에서 어떤 정보를 확보하고, 어떤 약속을 남기며, 얼마나 신속하게 다시 연결하느냐가 전시회 참가의 성패를 갈라놓는다. 잘 준비된 회사에게 전시회는 단순한 홍보 자리가 아니다. 강력한 세일즈 기회다.

5장

만남을
계약으로 바꾸는 법
Lead Conversion

첫 만남의 마법

세일즈를 하는 사람이라면 누구나 고객과의 '첫 미팅'을 겪게 된다. 안타깝게도 어렵게 만들어진 미팅을 어설프게 맞이하는 경우가 적지 않다.

고객이 마침내 미팅에 응했을 때의 기분은 마치 오랫동안 준비한 공연의 막이 오르는 순간에나 느낄 수 있는 짜릿함과 같다. 바로 이 순간, 제대로 준비되지 않으면 어렵게 잡은 기회가 허무하게 사라질 수 있다. 그러나 안타깝게도 많은 세일즈 담당자들이 고객이 미팅을 요청하면 흥분한 나머지 바로 제품 설명부터 들어가거나 준비해온 자료를 일방적으로 보여주기 바쁘다. 그렇게 되면 고객은 한발 뒤로 물러선다. 고객이 미팅을 요청한 이유는 제품 설명을 듣기 위해서가 아니라, 자신의 문제를 정확히 이해하고 진심으로 해결해줄 수 있는 상대인지 확인하기 위해서다.

고객과의 첫 미팅을 성공적으로 이끌기 위한 구체적이고 효과적인 전략을 소개한다. 다음 3가지 원칙을 기억하고 실천한다면 첫 미팅은 어색한 자리가 아니라 성과를 만들어내는 출발점이 될 것이다.

원칙1. 듣기 70%, 말하기 30%

첫 미팅에서 가장 쉽게 빠지는 함정이 있다. 상대가 먼저 연락을 해왔다는 이유만으로 제품이나 솔루션에 큰 관심이 있을 것이라 단정하고 곧바로 설명을 시작하는 것이다. 좋은 의도에서, 또 열정을 보여주고 싶어서 하는 행동이겠지만 정작 고객의 입장에서는 자신의 상황과는 조금 어긋난 이야기로 느껴질 수 있다.

고객이 첫 자리에서 진짜로 확인하고 싶은 것은 제품의 기능이나 가격이 아니다. 당신의 회사가 자신의 문제를 제대로 이해하려고 하는지, 믿고 이야기해도 되는 상대인지에 대해 확인하고 싶어 한다. 그래서 첫 미팅에서 가장 필요한 것은 설명이 아니라 경청이다. 고객의 말을 충분히 듣고, 그 말 속에 담긴 고민과 기대를 함께 짚어주며 공감하는 태도가 먼저다.

이를 위해서는 고객의 고민과 문제를 진정으로 이해하려는 질문이 필요하다.

첫 미팅이라면 다음 7가지 정보를 중심으로 이야기를 풀어가자. 물론 한 번의 미팅에서 모든 것을 다 알아야 한다는 강박은 가질 필요 없다. 자연스러운 대화 흐름 속에서 고객이 편안하게 느끼도록 질문을 유도하고 가능한 많은 정보를 파악하되 무리하지는 말자.

1. 어떤 경로로 우리를 알게 되었는가 "혹시 어떤 경로로 저희를 알게 되셨는지 여쭤봐도 될까요?"

2. 현재 어떤 문제를 갖고 있는가 "현재 가장 큰 고민이나 해결하고 싶은 문제가 무엇인지 말씀해주실 수 있을까요?"

3. 누가 최종 결정권을 갖고 있는가 "이런 결정은 보통 어떤 과정을 거쳐서 이루어지나요?"

4. 언제까지 해결하고 싶은가 "대략 언제쯤까지 이 문제를 해결하고 싶으신가요?"

5. 예산 범위는 어느 정도인가 "예산 수준을 어떻게 잡고 계신가요?"

6. 다른 업체와도 검토 중인가 "혹시 다른 업체와도 논의 중이신지 알려주실 수 있을까요?"

7. 이 프로젝트의 성공 기준은 무엇인가 "이 프로젝트에서 가장 중요하게 생각하는 목표는 무엇인가요?"

첫 미팅이 끝나면 즉시 해야 할 3가지

첫 미팅이 끝난 후에는 다음의 3가지를 즉시 실행해야 한다. 시간이 지나면 미팅의 기억이 흐려지고 세부 사항을 놓치기 쉽기 때문이다.

1. **미팅 직후 빠르게 내용을 정리하라.** 고객의 주요 문제, 니즈, 구매 의사결정 구조, 예산과 일정 등을 CRM이나 별도 문서에 상세히 기록한다.

2. **후속 조치는 즉각적으로 실행하라.** 다음 미팅 날짜나 약속한 일정을 즉시 잡고 확정하여 고객에게 전달하고, 전달하기로 한 자료가 있으면 즉시 공유한다.

3. **내부 팀과 신속히 정보를 공유하라.** 고객의 요구사항이나 기술적 질문이 있었다면 관련 부서와 바로 공유하고 사전 논의를 시작한다.

첫술에 배부를 수 없다

첫 미팅에서 바로 계약까지 이어지기를 기대해서는 안 된다. B2B 세일즈의 경우 첫 접촉부터 계약까지 평균 3~6개월이 소요된다. 복잡한 솔루션의 경우 1년 이상 걸리기도 한다. 이 과정에서 평균 5~8번의 접촉이 이루어진다.

이 사실을 이해하지 못한 채 첫 미팅에서 성급하게 클로징을 시도하면 오히려 고객을 밀어내게 된다. 첫 미팅의 목표는 계약이 아니라 '다음 단계로 전진하는 것'이어야 한다. 예를 들어 두 번째 미팅 일정 잡기, 추가 자료 제공 약속, 데모 시연 약속 등 명확한 다음 스텝이 잡히면 성공이다.

실전 연습. 고객과의 첫 미팅 노하우

다음은 첫 미팅에서 일어날 수 있는 대화 시나리오다. 중소기업 IT 담당자인 김 팀장이 ERP 연동 소프트웨어 교체를 고민하며 미팅을 요청한 상황이다.

김 팀장: "현재 사용하는 해외 소프트웨어가 속도도 느리고, 문제가 생겨도 지원받기가 어려워서 교체를 검토하고 있어요."

올바른 대응: "아, 해외 솔루션 특유의 문제를 겪고 계시는군요. 속도 문제로 실제 업무에 어떤 지장이 있으신가요? 그리고 지원이 어려우면 문제 해결까지 보통 얼마나 걸리시나요?"

김 팀장: "업무 처리가 늦어지다 보니 직원들 불만도 많고, 특히 월말 결산 때는 야근까지 해야 해요. 지원 요청하면 답변까지 2~3일은 기다려야 하고요."

올바른 대응: "월말 결산 같은 중요한 시기에 야근까지 하시게 되니까 정말 스트레스가 크셨겠어요. 저희 다른 고객사

에서도 비슷한 문제로 고생하시다가 이전하신 분들
이 있어요. 혹시 새로운 솔루션을 선택하실 때 가장
중요하게 생각하는 우선순위가 있을까요?"

김 팀장: "속도 개선이 가장 급하고, 국내 지원이 잘 되는지, 기존
ERP와 호환성도 중요해요."

올바른 대응: "말씀해주신 3가지 조건은 저희가 충분히 해결할 수
있습니다. 다만 김 팀장님 회사 환경에 맞는 구체적
인 해결 방안을 제안드리려면 조금 더 자세한 상황을
알아야 할 것 같아요. 다음번에는 저희 기술팀과 함
께 와서 실제 환경에서 시연도 보여드리고 상세한 검
토를 해보면 어떨까요?"

김 팀장: "네, 그렇게 하면 좋겠네요."

올바른 대응: "그럼 다음 주 중에 시간 괜찮으신 날이 있으실까요?
2시간 정도 여유 있게 잡아서 충분히 논의해보죠."

이 대화에서 세일즈 담당자는 성급하게 제품을 소개하지 않고,
고객의 문제를 깊이 이해하려 노력했다. 그리고 자연스럽게 다음
단계로 이어지는 명확한 약속을 잡았다. 이것이 성공적인 첫 미팅
이 작동하는 방식이다.

고객은 우리에게 모든 것을 말해주지 않는다. 더 정확히 말하면 고객 스스로도 자신이 무엇을 원하는지 모르는 경우가 많다. 막연하게 문제가 있다는 걸 느끼고 있지만 그걸 명확하게 표현할 수는 없는 상태일 가능성이 높다. 그래서 고객의 말만 듣고 세일즈를 진행하면 결정적인 순간을 놓치게 된다.

"기능은 마음에 드는데 가격이 좀 부담스럽네요."

"우선 자료부터 받아보고 검토해볼게요."

"내부적으로도 의견이 좀 갈려서요."

이렇게 피드백이 오면 우리는 다음과 같이 착각한다.

"검토를 한다고 했으니 진지하게 고려 중이겠지."

하지만 고객은 전혀 살 생각도 없고 고민도 하고 있지 않는다. 세일즈 담당자는 이런 말들 뒤에 숨어있는 진짜 의미를 파악해야 한다. 이를 위해서는 표면적 발언에 즉각적으로 반응하기보다는 그 말의 숨겨진 맥락과 진짜 의도를 탐색하는 잠재 고객 검증 과정이 필요하다.

잠재 고객 검증이 왜 중요한가

고객과 미팅을 했다는 것은 이미 우리 제품이나 서비스에 대한 어느 정도의 관심이 있다는 의미다. 그렇다고 해서 모든 고객이 똑

같은 가능성을 가진 것은 아니다. 어떤 고객은 구매를 진지하게 고려하지만 어떤 고객은 단순히 정보 수집만 하고 있을 수 있다. 어떤 고객은 실제 구매 결정을 내릴 권한이 없거나 예산과 일정이 맞지 않을 수도 있다.

고객과 미팅을 잡았다고 무조건 계약에 가까워졌다고 믿는다면 심각한 착각이다. 이제부터 더 중요한 과정이 남아있다. 바로 이 고객이 실제 구매 가능성이 있는지, 예산과 의사결정권이 있는지, 구매 결정 시기가 언제인지 등을 질문을 통해 꼼꼼히 확인해야 한다.

잠재 고객 검증을 위한 필수 질문 리스트

다음 리스트는 모든 질문을 한 번에 다 묻는 용도가 아니다. 자연스러운 대화 속에서 고객의 상황과 우선순위를 정확히 파악하기 위해 선택적으로 활용한다.

검증 영역	주요 질문 예시
상황 및 배경 파악	• 현재 사용 중인 솔루션에 어떤 문제가 있으신가요? • 이 제품을 알아보게 된 가장 큰 이유는 무엇인가요? • 최근 내부에서 가장 집중하고 있는 목표는 무엇인가요?
의사결정 구조 확인	• 최종 결정을 내리는 분은 누구신가요? • 보통 이런 결정을 하실 때 내부 프로세스는 어떻게 되나요? • 혹시 내부에서 반대하거나 우려하는 분도 계신가요?

우선순위 및 긴급성	• 언제쯤 도입을 희망하시나요? • 가장 우선적으로 해결하고 싶은 부분은 무엇인가요? • 만약 도입하지 않는다면 어떤 문제가 예상되시나요?
예산 및 경쟁상황	• 예산은 어느 정도 생각하고 계신가요? • 다른 경쟁사도 검토하고 계신가요? • 아직 결정하지 못한 가장 큰 이유는 무엇인가요?
숨겨진 우려와 경험	• 이전에 비슷한 도입을 검토할 때 어려웠던 점이 있으셨나요? • 특별히 걱정하거나 우려되는 부분은 무엇인가요? • 이번 선택에서 절대 실패하고 싶지 않은 부분은 어디인가요?

'수면 아래 이슈'를 알아내는 질문의 힘

잘 파는 사람은 답변을 잘하기 보다 질문을 잘 한다. 세일즈 초보자들은 능수능란하게 답변을 하는 자신의 모습을 떠올리며 그런 모습을 기대한다. 그러나 달변보다 눌변인 사람 중에 세일즈 왕이 더 많다. 세일즈를 잘하는 사람들은 하나를 더 말하기 전에 하나를 더 묻는다. 다음 예시를 보자.

고객: "홈페이지에 소개된 ERP 시스템, 가격 좀 알려주세요."

많은 사람들이 여기서 바로 가격을 말하거나 가격표를 발송한다. 신속한 반응과 답변. 잘못한 것은 아니지만 더 효과적인 접근은 이렇다.

나: "아, 알겠습니다. 가격 알아봐 드리겠습니다. 그런데 저희 ERP 시스템 종류가 좀 많습니다. 그래서 제가 몇 가지 여쭤봐도 될까요? 딱 맞는 제품을 알려드릴 수 있을 것 같거든요. 말씀 주신 ERP 시스템을 검토하게 된 계기는 어떻게 되시는지요?"

이 한 문장이 다르다. 정보를 주면서도, 대화를 열어두고, 고객의 상황을 이해하려는 태도가 담겨 있다. 그 차이는 작지만 결과는 크게 달라진다. 질문을 하나 더 던져서 고객의 '수면 아래 이슈'를 파악해야 한다.

흔히 고객의 질문에 '바로 대답해주는 것'이 친절이라고 믿는다. 그러나 친절은 '정보 제공'이 아니라 '이해의 노력'에서 시작된다. 내가 당신을 이해하고 싶다는 마음, 당신의 고민을 들여다보겠다는 태도, 그것이 진짜 친절이고, 결국 고객의 변화와 행동을 이끈다.

실전 연습. 고객의 진짜 의도를 파악하는 질문의 기술

이론만으로는 부족하다. 실제 상황에서 고객의 수면 아래의 이슈를 알아내는 질문을 연습해 보자. 이런 상황을 생각해 보자. 어떤 회사에서 새로운 소프트웨어를 도입하려고 한다. 담당자인 김 대리는 상사로부터 "재고 관리 소프트웨어를 알아보되 우리 회사 ERP 시스템과 연동이 되는지 꼭 확인해봐"라는 지시를 받았다.

김 대리는 ERP 연동이 왜 이렇게 중요한지 정확히는 알지 못한다. 다만 부서 내에서 ERP 데이터를 수작업으로 옮기느라 자주 야근을 하고 있어서 혹시 이번에 도입하는 시스템에서라도 같은 문제가 반복되지 않을까 걱정된다. 하지만 소프트웨어 회사 영업사원에게는 그런 정보를 굳이 다 알려 주지는 않는다. 대신 이렇게 물어본다.

이 질문을 받았을 때, 대부분의 세일즈 담당자는 "네, 제공됩니다" 또는 "아니요, 제공되지 않습니다"라고 답변하고 넘어간다. 매우 아쉬운 기회 손실이다. 김 대리의 질문 뒤에는 여러 고민이 숨어있다. 왜 ERP 연동을 묻는 걸까? 상사가 왜 그걸 중요하게 생각하는 걸까? 현재 회사에서 ERP 관련해서 어떤 문제를 겪고 있는 걸까? 아래처럼 되물어 보자.

왜 이 답변과 질문이 효과적인가

첫째, 고객의 질문에 먼저 명확히 답변했다. 김 대리가 궁금해하는 기능 지원 여부를 바로 확인해 줌으로써 불안감을 해소했다.

둘째, 그 기능이 중요한 배경, 즉 '수면 아래 이슈'를 탐색하는 질문을 던졌다. 단순히 기능 유무만 확인하고 끝나는 것이 아니라, 김 대리가 그 기능을 필요로 하는 진짜 이유를 파악하려 했다.

셋째, 구체적인 문제 상황을 가정하며 질문했다. "현재 시스템과 연동 과정에서 겪는 어려움"이라는 구체적인 가능성을 제시함으로써 김 대리가 자신의 고민을 더 쉽게 털어놓을 수 있도록 유도했다.

이런 방식으로 질문하면 김 대리는 "ERP 연동이 되는지" 확인하는 것을 넘어서 "사실 상사가 중요하다고 해서 물어봤습니다. 그런데 저희 회사에서는 ERP 데이터를 수동으로 옮기느라 매달 야근을 하고 있어요"라는 식으로 진짜 문제를 이야기하게 된다.

이런 시나리오를 통해 혼자서도 충분히 연습할 수 있다. 만약 동료나 친구와 함께 할 수 있다면 역할을 바꿔가면서 고객 입장도 되어 보고 세일즈 담당자 입장도 되어 보면서 양쪽의 관점을 모두 이해해 보자. 고객의 질문 뒤에 숨겨진 진짜 고민을 찾아내는 연습을 반복하다 보면 실제 상황에서도 자연스럽게 적용할 수 있다.

세일즈 미팅, 이렇게 준비하자

앞서 살펴본 질문과 검증 과정을 통해 고객을 깊이 이해했다면, 이제 더 구체적인 해결책을 논의할 단계가 왔다. 전화나 이메일만으로는 복잡한 비즈니스 이슈를 심도 있게 논의하기 어렵다. 진짜 신뢰는 얼굴을 마주하고 대화할 때 형성된다.

질문을 통해 '미팅할 가치가 있는 고객'인지 판단하고 그 고객에게는 자연스럽게 미팅을 제안해야 한다. "말씀해주신 내용을 들어보니 저희가 도움을 드릴 수 있는 부분이 있을 것 같습니다. 한 번 직접 만나서 구체적인 상황을 듣고 어떤 방안이 가능한지 말씀드리는 게 어떨까요?" 이렇게 검증 과정을 거쳐 제안하는 미팅은 단순한 영업 미팅이 아니다. 고객의 진짜 니즈를 파악하고 맞춤형 솔루션을 제안하기 위한 컨설팅 미팅이다. 고객도 이런 미팅에는 훨씬 적극적으로 응하게 된다. 하지만 미팅 약속을 잡았다고 해서 끝이 아니다. 오히려 이제부터가 진짜 시작이다. 의미 있는 미팅을 위해서는 철저한 준비가 필요하다.

미팅 준비 1. 인정하고 신뢰하라

연세대학교 언론홍보영상학부 김주환 교수는 면접을 어려워하는 이유에 대해 이렇게 설명했다. "많은 사람들이 면접을 힘들어하는 이유는 면접관에게 잘 보여야 한다는 압박 때문입니다. 이는 결국 상대방의 인정에 지나치게 의존하는 인정 중독 현상과 관련이 있습니다."

우리는 면접에서 좋은 평가를 받고 싶다는 압박감 때문에 미리 준비한 답변을 기계적으로 암기하는 실수를 흔히 저지르곤 한다. 잘 보여야 한다는 강박감과 상대방의 평가에 과도하게 의존하는 마음이 커지면 더 긴장하고 부자연스러워진다. 이렇게 되면 듣는 면접관 역시 불편해질 수밖에 없다. 이는 세일즈 미팅에서도 동일하게 나타난다. 세일즈 경험이 많지 않을수록 고객에게 잘 보이고 싶다는 마음이 앞서 긴장하게 되고, 준비한 제품이나 서비스에 대해서만 일방적으로 말하거나 지나치게 논리적이고 딱딱한 태도로 접근하게 된다. 결국 고객과 편안한 관계를 형성하지 못하고 신뢰도 얻기 어렵다.

세일즈 미팅은 고객에게 평가받는 자리가 아니다. 고객을 진심으로 존중하고 감사하는 마음에서 출발해야 한다. 고객을 단지 제품을 사주는 고객으로만 바라보는 것이 아니라 나와 함께 성장하고 서로 배울 수 있는 비즈니스 파트너로 바라보는 관점의 전환이 필요하다.

나는 지난 20년 넘게 세일즈 분야에서 일해 왔고, 지금은 세일즈 강의와 컨설팅 업무를 주로 하고 있다. 하지만 내 업무의 본질은 여전히 세일즈다. 내가 상대하는 고객은 대부분 기업의 HR 담당자들로 나보다 나이가 어리고 업무 경험이 적은 경우가 많다. 자칫

무의식적으로 이들을 무시하거나 내가 더 많은 것을 안다는 태도를 보일 수 있는 환경이다. 그래서 매번 미팅 전 스스로 이렇게 다짐한다.

"이 젊은 분들이 이렇게 좋은 회사에서 중요한 업무를 맡고 전사 교육까지 책임지고 있구나. 정말 대단하고 배울 점이 많은 사람들이다."

과거에는 고객을 "나를 먹고 살게 해주는 사람" 정도로만 여겼다. 이제는 "이 고객과의 만남을 통해 나 역시 새로운 시각과 인사이트를 얻고 함께 성장할 수 있다"고 생각한다. 말로만 그러는 게 아니라 마음속 깊이 진심으로 그렇게 생각한다. 이 작은 관점의 변화가 세일즈 미팅에서 나의 태도와 관계의 질을 완전히 바꾸었다.

세일즈 미팅의 진정한 목적은 제품이나 서비스를 판매하는 것이 아니다. 물론 궁극적으로는 판매가 최종 목표지만 세일즈 미팅의 순간만큼은 그 욕망을 잠시 내려놓고 고객과의 신뢰를 쌓는 데 집중하자. 고객과 깊은 신뢰 관계를 형성하고 서로에게 도움이 되는 파트너가 되는 것, 그것이 세일즈 미팅의 핵심이다. 고객으로부터 신뢰를 얻지 못하면 아무리 좋은 제품과 훌륭한 제안도 무용지물이 되고 만다. 협상 분야의 세계적인 권위자인 스튜어트 다이아몬드는 그의 저서 《어떻게 원하는 것을 얻는가》에서 협상 성공 요소를 다음과 같이 분석했다.

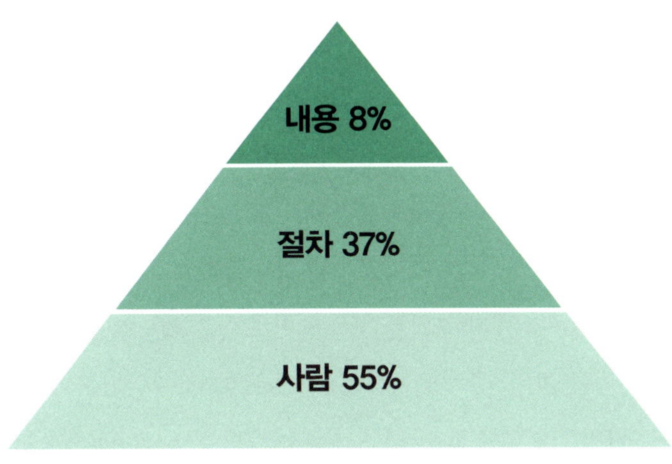

협상의 성공 요소

- 콘텐츠(내용)는 8%
- 협상의 절차는 37%
- 사람 간의 신뢰는 무려 55%

이 수치는 매우 중요한 시사점을 준다. 아무리 완벽한 제품과 매력적인 제안서를 준비해도 고객이 나를 신뢰하지 않는다면 세일즈 미팅은 성공할 수 없다. 신뢰는 상대방을 진심으로 존중하는 태도에서부터 형성된다.

세일즈 미팅에서 흔히 범하는 실수를 정리하면 다음과 같다.

- 제품이나 전문성을 과시하려고 무리하게 설명만 늘어놓는 경우

- 지나치게 논리적이고 딱딱한 태도로만 접근하는 경우
- 고객의 반응과 상황을 무시하고 일방적으로 말하는 경우

이러한 행동은 상대방에게 존중받지 못하고 있다는 느낌을 주어 신뢰를 잃게 만든다. 나 역시 고객의 입장에서 세일즈 미팅을 경험할 때가 있는데 가장 불편한 경우가 바로 이런 태도였다. 이런 태도는 대부분 인정 중독에서 비롯된다. 자신의 부족함을 숨기기 위해 지나치게 완벽한 모습을 보여주려는 강박에서 나타나는 행동이다. 진정한 신뢰는 내가 가진 부족함을 솔직히 인정하고 고객과 편안한 분위기에서 자연스럽게 대화를 나눌 때 만들어진다. 이제부터 세일즈 미팅을 준비할 때마다 다음과 같이 되새겨보자.

"나는 평가받으러 가는 것이 아니라 고객과 좋은 관계를 맺고 서로 존중하며 성장하기 위해 간다."

고객을 향한 진정한 존중과 감사의 마음이 세일즈 미팅을 성공적으로 이끌고, 더 깊고 의미 있는 비즈니스 관계를 만들어 준다.

미팅 준비 2. 미팅 체크리스트를 작성하라

세일즈 미팅은 연극과 같다. 뛰어난 배우가 무대 위에서 완벽한 연기를 펼칠 수 있는 이유는 재능이 아니라 충분한 준비 덕분이다.

세일즈 미팅 역시 철저한 준비를 통해 긴장과 불안 대신 기대와 자신감을 가질 수 있다.

내가 처음 세일즈를 시작했을 때는 어설프고 쑥스러운 실수의 연속이었다. 고객 앞에 서면 머릿속이 하얘져 준비한 질문은커녕 제대로 말도 못 꺼내는 경우가 허다했다. 돌아오는 길에는 늘 자책과 부끄러움이 함께했다. "왜 그 질문을 하지 못했지?" "나는 왜 그렇게 헤맸을까?"라며 스스로를 괴롭히곤 했다. 그렇게 수십 번의 어설프고 민망한 미팅을 경험한 뒤에야 중요한 사실 2가지를 깨달았다.

첫째, 세일즈 미팅은 충분히 준비되지 않으면 결코 좋은 결과를 얻을 수 없다. 아무런 준비 없이 미팅에 임하면 고객과의 대화가 산으로 가는 건 당연한 일이다.

둘째, 아무리 철저히 준비하더라도 실전 경험이 부족하면 미팅에서 자연스럽게 대응하기 어렵다. 미팅 준비는 반드시 필요하지만 준비만으로는 결코 완벽해질 수 없다. 실전에서 꾸준히 부딪히고 경험을 쌓아 나가야 한다.

이 2가지 깨달음을 얻은 후부터는 미팅을 준비할 때마다 명확한 체크리스트를 만들기 시작했다. 체크리스트를 사용하면 미팅에서 꼭 물어봐야 할 질문과 고객에게 반드시 전달해야 할 정보를 미리 정리할 수 있다. 이 작은 변화만으로도 미팅의 성과는 눈에 띄게 달라졌다.

다음은 내가 오랜 시간 미팅을 통해 얻은 경험을 바탕으로 만든 '세일즈 미팅 체크리스트'다. 이 체크리스트는 미팅 준비를 철저히 하면서도 실전에서 유연하게 대처할 수 있는 자신감을 줄 것이다. 미팅 직전에 꼭 이 리스트를 점검하자. 어떤 사람은 이런 의문을 가질 수 있다. "아니 업무가 바빠 죽겠는데, 어느 세월에 이런 표를 그리고 다닙니까?"

아니다. 몇 번 해보고 익숙해지면 간단한 메모만으로 충분히 가

체크리스트 항목	점검해야 하는 내용	세부 리스트
① 미팅의 목표	미팅을 통해 얻고자 하는 목표는 무엇인가?	고객의 주요 니즈 파악 우리 솔루션의 가치 명확히 전달 구체적인 구매 의사 확인 향후 미팅 일정 협의
② 고객으로부터 얻어야 할 정보	고객과의 미팅에서 내가 얻어야 할 정보는 명확한가?	고객의 구체적인 니즈와 애로사항 구매 프로세스 및 의사결정 방식 구매 예산 규모 및 결제 담당자 정보 최종 구매 시기와 구체적 타임라인 내부 승인 절차 (재무/개발 등)
③ 고객에게 전달해야 할 정보	고객에게 명확하게 전달해야 할 정보는 준비됐는가?	우리 제품의 혜택과 고객이 얻을 편익 경쟁사 대비 차별성 및 비교 우위 동종 업계의 성공 사례 및 레퍼런스 가격 구조 및 예상 견적 범위
④ 미팅 마무리 '작은 합의' 준비	미팅 종료 시 고객과의 작은 합의나 다음 단계 계획을 생각해 두었는가?	구체적인 다음 미팅 일정 논의 고객이 관심 있는 자료 추가 제공 테스트나 데모 일정 조율 견적서 전달 일정 및 후속 액션 확정

세일즈 미팅 체크리스트

능하다. 정 급하면 마음속으로 되뇌여도 된다. "이번 미팅의 목표
와 합의할 사항, 그리고 내가 줄 것과 내가 받을 것."

최소한의 작은 합의는 맺어라

세일즈 담당자라면 미팅에 임할 때 발주나 계약 성사 같은 큰 목
표를 마음에 품고 들어간다. 그러나 현실은 내가 원하는 대로 흘러
가지는 않는다. 예상치 못한 변수나 갑작스러운 상황 변화로 성과
를 내지 못할 수도 있다. 그렇기 때문에 미팅 전 체크리스트를 준
비할 때, 큰 목표와 더불어 작은 합의 역시 항상 염두에 두어야 한
다. 미팅 분위기가 기대와 다르게 흐르더라도 당황하지 않고 최소
한 다음 단계를 위한 작은 합의는 이끌어내야 한다. 작은 합의란
최종 목표인 발주 또는 계약이 아니더라도 다음 미팅 일정을 잡거
나 추가 자료 제공을 약속하는 것처럼 부담 없는 다음 액션 플랜에
대한 합의를 말한다.

미팅을 마치고 돌아설 때, 아무런 합의 없이 빈손으로 나와서는
안 된다. 고객이 '이 세일즈는 아직 진행 중'이라는 느낌을 가지도
록 작은 합의를 마련해야만 다음 기회로 연결될 수 있다. 세일즈
담당자가 먼저 미팅의 흐름을 포기하거나, 먼저 등을 돌리는 순간
관계는 끝이 나버린다.

작은 합의의 예

- "말씀해 주신 의견을 반영한 최종 제안서를 보내 드릴 테니, 다음 주 중으로 의견을 다시 나누면 좋겠습니다."
- "제품을 직접 경험해 보실 수 있게 샘플을 준비해 드리겠습니다. 사용해 보신 후 다시 한번 논의하면 어떨까요?"
- "다음 주에 IT 부서 담당자분들과 함께 미팅 일정을 잡으시지요."
- "견적서를 정리해서 드릴 테니 내부적으로 검토해 보시고 의견 주시면 감사하겠습니다."

미팅을 준비할 때 항상 작은 합의의 가능성을 염두에 두고 준비한다면 돌발 상황에서도 당황하지 않고 자신감 있게 다음 단계를 설정할 수 있다. 이렇게 작은 합의를 반복적으로 이끌어내면 고객과의 신뢰는 깊어지고, 더 큰 성과와 계약으로 이어질 수 있다.

창조적 대안을 찾는 법

내가 얼마 전 코칭했던 스타트업은 기업용 소프트웨어를 판매하는 회사였다. 이 회사는 한 대형 IT기업과 중요한 세일즈 미팅을 앞두고 있었다. 고객은 최대한 낮은 가격에 제품을 구매하려 했다.

스타트업은 회사가 책정한 적정 가격을 지켜야 했다. 양측 모두의 목표가 분명했기에 미팅 전부터 협상이 쉽지 않을 것으로 예상됐다.

이 스타트업의 김 대표는 고객과의 미팅을 마치 전쟁처럼 여기고 있었다. 어떻게든 고객을 설득해서 원하는 조건으로 계약을 성사시키겠다는 강박에 사로잡힌 상태였다. 예상대로 미팅은 가격을 놓고 팽팽한 신경전 끝에 아무 결론도 내리지 못한 채 서로 감정만 상하고 끝이 났다. 나는 그 과정을 옆에서 지켜보면서 김 대표에게 세일즈 미팅에 대한 근본적인 관점 전환을 권유했다.

"세일즈 미팅은 고객과의 싸움이 아닙니다. 협력해서 서로에게 유익한 창조적 대안을 찾는 과정으로 접근해야 합니다."

특히 기업용 소프트웨어와 같은 B2B 분야에서는 고객의 요구사항이 우리가 가진 제품과 완벽하게 맞아떨어지는 경우는 거의 없다. 기업마다 업무 환경과 예산, 결제 조건 등 다양한 변수가 존재하기 때문이다. 이런 환경에서는 가격이나 기능 등 이미 테이블 위에 올라온 조건들만으로 협상을 진행하면 결국 피곤한 흥정에 그칠 수밖에 없다. 이럴 때 꼭 필요한 것이 바로 창조적 대안이다. 나는 김 대표에게 창조적 대안이라는 개념과 이를 현실에서 실천할 수 있는 3가지 원칙을 설명했다.

세일즈 미팅에서 창조적 대안을 만드는 3가지 원칙

첫째, 고객의 진짜 목표와 숨겨진 니즈를 파악하라. 고객이 표면적으로 표현한 요구사항만 듣고 바로 대응하면 문제의 본질을 놓치기 쉽다. 고객이 실제로 원하는 진짜 목표가 무엇인지 파악해야 한다. 숨겨진 니즈까지 깊이 이해해야 비로소 진정한 해결책을 제시할 수 있다.

둘째, 가격보다는 고객이 얻는 가치에 집중하라. 가격 협상에만 매몰되면 세일즈는 흥정으로 끝난다. 우리가 제공할 수 있는 실질적이고 명확한 가치가 무엇인지 고객에게 충분히 전달하고 그 가치를 협상의 중심에 두어야 한다.

셋째, 협상 테이블 위에 없던 새로운 옵션을 제안하라. 이미 협상 테이블 위에 올라온 가격이나 납기, 기능과 같은 조건들만으로 진행되면 쉽게 교착 상태에 빠질 수 있다. 이럴 때는 기존의 협상 틀을 벗어나 예상치 못한 새로운 옵션을 테이블 위로 가져와 창의적인 해결책을 만들어야 한다.

나는 김 대표와 함께 이 세 번째 원칙을 실제로 적용해 보기로 했다. 고객과의 다음 미팅을 준비하면서 나는 김 대표에게 고객의 현재 업무 상황이나 중요하게 진행하는 프로젝트가 있는지에 대해 깊이 있는 질문을 하도록 권유했다. 덕분에 김 대표는 고객사가 곧 대규모 고객 초청 컨퍼런스를 개최할 예정이며 이를 매우 중요하게 준비하고 있다는 사실을 알게 됐다. 이 새로운 정보를 바탕으로 나는 김 대표에게 다음과 같은 제안을 고객에게 하자고 제안했다.

"지금 고객님께서 예산이 부족한 건 충분히 이해합니다. 대신 새로운 제안을 하나 드리고 싶습니다. 저희가 이번 고객 초청 컨퍼런스에 공식 파트너 자격으로 참여해서 소프트웨어를 현장에서 직접 시연하고 소개할 수 있도록 해주시면 어떨까요? 고객님 입장에서는 추가 비용 없이 컨퍼런스의 신뢰도와 현장감을 높일 수 있습니다. 저희 회사도 많은 잠재 고객 앞에서 효과적으로 제품을 홍보할 기회를 얻을 수 있을 것입니다. 그럴 경우 저희 소프트웨어를 고객님께서 원하셨던 가격에 제공해 드리겠습니다."

이 창의적인 제안에 고객사는 즉시 관심을 보였고 긍정적으로 검토하기 시작했다. 결과적으로 고객사는 예산 범위 내에서 필요한 소프트웨어를 도입할 수 있게 되었고 자사의 컨퍼런스에도 신뢰할 만한 전문가 파트너를 얻게 되었다. 스타트업 역시 예상하지 못했던 큰 규모의 홍보 기회를 얻어 기업 인지도와 제품 신뢰도를 동시에 높일 수 있었다.

이 경험을 통해 김 대표는 세일즈를 더 이상 고객과의 전투로 생각하지 않게 되었다.

숨겨진 거절 원인을 찾는 '결정적 질문'

세일즈 담당자들이 가장 두려워하는 순간이 있다. 바로 고객으로부터 거절을 당하는 순간이다. 그래서인지 많은 세일즈 담당자들은 중요한 질문을 던지는 것을 회피하려 한다. 특히나 고객이 우리 제품을 선택하지 않을 이유를 직접적으로 묻는 질문을 기피한다. "괜히 판을 깨면 어떡하지?" 혹은 "부정적인 대답이 나오면 돌이킬 수 없지 않을까?"라는 걱정 때문이다.

이런 질문이야말로 협상을 근본적으로 바꿀 수 있는 가장 강력한 무기다. 나는 이것을 결정적 질문이라고 부른다. "고객님께서 만약 저희 제품을 선택하지 않으신다면, 그 가장 큰 이유가 무엇일까요?"

지금도 결정적 질문을 던질 때면 가슴이 떨린다. 하지만 놀랍게도 이 질문은 고객과의 대화를 완전히 새로운 차원으로 이끌어 준다. 고객이 망설이는 진짜 이유, 구매를 방해하는 가장 큰 장애물을 명확하게 드러내 주기 때문이다. 고객의 마음속 깊은 곳에 숨겨져 있던 문제가 드러나는 순간, 협상은 비로소 앞으로 나아간다.

고객은 직접적으로 부정적인 의견을 말하기 어려워하거나, 때로는 스스로도 잘 알지 못하는 이유로 망설이는 경우가 많다. 진짜 이유를 파악하지 못하면 아무리 좋은 제품을 가지고 있어도 거래가 성사되지 않는다. 질문은 고객이 말하지 않았던 진짜 거절 이유를 찾아내는 가장 빠른 열쇠다.

고객의 거절 이유가 밝혀졌을 때 대응법

결정적 질문을 통해 고객이 진짜 거절 이유를 밝혔다면, 어떻게 대응해야 할까? 다음과 같은 3가지 원칙을 기억하자.

1. 절대 변명하지 말고 고객의 문제를 있는 그대로 인정하라.
2. 고객의 고민을 더 깊이 이해하기 위해 추가 질문을 던져라.
3. 고객의 우려를 해소할 수 있는 실질적인 해결책을 제안하라.

이러한 대응은 고객이 가지고 있는 주저함이나 반감을 명확히 이해하고 이를 해결할 수 있는 실질적인 대안을 마련하기 위한 과정이다.

앞에서 말한 창조적 대안까지는 아니더라도 고객의 우려를 충분히 해소해 줄 수 있는 구체적이고 현실적인 솔루션을 마련하는 것이 목적이다. 다음 표는 실제 사례를 통해 고객이 제시한 거절 이유와 그에 따른 적절한 추가 질문, 그리고 고객의 우려를 해소할 수 있는 현실적인 해결책 예시를 정리한 것이다.

고객의 거절 이유	잘못된 대응 사례	바람직한 추가 질문	현실적 해결책 예시
"솔직히 가격이 부담스럽습니다."	"더 이상 할인은 어렵습니다."	"충분히 이해합니다. 혹시 고객님이 생각하시는 예산 범위를 조금 더 구체적으로 알려주시겠어요?"	핵심 기능 위주로 축소한 '라이트 버전' 소프트웨어 제안 또는 초기 비용을 줄일 수 있는 '월 구독형' 모델 도입
"이 기능은 저희에게 굳이 필요 없을 것 같아요."	"다른 고객들은 다 사용하고 있습니다."	"고객님의 업무 방식과 맞지 않을 수 있겠네요. 어떤 점에서 불필요하다고 느끼셨는지 더 자세히 말씀해 주시겠어요?"	고객의 업무 특성에 맞춰 불필요한 기능을 제외하고 다른 중요한 기능을 보완한 맞춤형 패키지 구성
"직원들이 새로운 소프트웨어 적응에 어려움이 있을 것 같습니다."	"요즘 직원들은 금방 배웁니다. 걱정 마세요."	"직원들이 빠르게 적응하는 게 중요한 문제죠. 구체적으로 어떤 부분이 가장 걱정되시는지 자세히 알려주시면 좋겠습니다."	도입 초기에 전문 교육 인력을 지원하여 현장 교육과 실시간 Q&A 지원 핫라인 운영 제공
"도입 시점이 내부적으로 아직 결정되지 않았습니다."	"빨리 결정하시는 것이 좋습니다. 프로모션 기간이 곧 끝나거든요."	"충분히 이해됩니다. 결정을 미루는 내부적인 이유를 조금 더 공유해주시면 저희도 도움을 드릴 수 있을 것 같습니다."	내부 결정을 돕기 위한 데모 버전 제공, 무료 파일럿 프로그램부터 특정 부서만 우선 도입 후 전사 확대 등의 단계적 도입 방안 제시

고객 거절 이유별 대응 방법과 해결책 예시

결정적 질문을 통해 고객의 진짜 거절 이유를 파악하고 적절히 대응하는 것은 세일즈 성공의 핵심이다. 중요한 것은 고객의 우려를 외면하거나 억지로 설득하려 하지 않는 것이다. 그 문제를 정면으로 마주하고 실질적인 해결책을 찾아가야 한다. 이런 접근을 통해 고객과의 신뢰 관계를 구축하고 장기적으로 성공적인 파트너십을 만들어갈 수 있다. 세일즈 담당자라면 거절을 두려워하기보다는 이를 더 나은 솔루션을 찾는 기회로 받아들이는 마인드셋을 가져야 한다.

문자 한 통이 흐름을 바꾼다

지금까지 고객과의 미팅 준비, 수면 아래 이슈를 질문하기, 창조적인 대안 찾기 등에 대해 알아보았다. 이러한 미팅 기술과 전략도 중요하다. 하지만 그보다 훨씬 간단하면서도 효과적인 방법이 하나 더 있다. 바로 문자와 메신저 같은 도구를 활용하는 것이다.

많은 세일즈 담당자들은 "세일즈란 원래 격식을 갖추고 진지하게 해야 한다"고 생각한다. 그래서 문자나 메신저는 가능하면 자제하거나 보내더라도 매우 건조하고 사무적인 톤으로만 작성한다. 꼭 그럴 필요는 없다. 문자와 메신저는 딱딱한 세일즈 미팅과 긴장된 전화 통화 사이에서 윤활유 역할을 한다.

세일즈는 사람과 사람이 만나는 일이다. 고객이 제품이나 서비스를 선택하는 이유는 '이 사람과 함께 일하고 싶다'는 신뢰와 호감을 느끼기 때문이다. 딱딱한 미팅 자리에서는 놓칠 수 있는 다정

함, 친근함, 위트 같은 요소들이 문자나 메신저를 통해 자연스럽게 전달될 수 있다. 이러한 작은 메시지가 미팅 전후를 부드럽게 이어 주고, 고객과의 관계를 더 탄탄하게 만든다.

문자 한 통이 미팅의 분위기를 결정한다

고객과 처음 전화를 나눈 후, 짧은 문자 한 통을 보내는 건 사소한 일처럼 보이지만 실제로는 엄청난 효과가 있다.

"아까 상담 도와드렸던 스타트업세일즈연구소 유장준입니다. 오늘 통화 감사드리고요, 혹시 추가로 궁금하신 점 있으시면 편히 연락 주세요. 좋은 하루 되세요"

이렇게 한 줄의 문자를 보낸다고 바로 매출이 오르지는 않는다. 하지만 이 작은 메시지를 받은 고객은 다음 미팅 때부터 분명히 다른 태도를 보인다. 이미 당신에 대한 호감과 신뢰를 가지고 미팅에 들어가기 때문에 경계심이 줄고 대화가 한결 편해진다. 이 짧은 메시지 하나에는 '관심', '예의', '세심한 후속 대응'이라는 신뢰의 씨앗이 들어있다.

미팅 전후를 연결하는 작은 다리

세일즈 미팅은 미팅 자체로 완성되지 않는다. 미팅 전 고객의 마음을 열어두고, 미팅 후 그 여운을 이어가는 것이 전체 세일즈 프로세스의 핵심이다.

문자와 메신저는 미팅 전후를 매끄럽게 연결하는 중요한 다리다. 예를 들어 미팅 약속을 잡은 순간부터 미팅이 끝난 후까지 적절한 타이밍에 보내는 짧은 메시지가 고객과의 심리적 거리를 좁혀준다. 특히 미팅 당일 아침에 보내는 확인 문자는 고객에게 "이 사람은 미리 준비를 철저히 하는구나", "약속을 정말 소중하게 생각하는 사람이구나"라는 매우 긍정적인 인상을 준다.

미팅 성공률을 높이는 상황별 문자 활용법

미팅 당일 아침에 보내는 간단한 확인 문자는 생각보다 강력한 효과가 있다.

"오늘 오후 2시 미팅 잘 부탁드립니다. 혹시 오시는 길 헷갈리시면 언제든 편하게 연락 주세요. 그리고 지하 주차장에서 저희 12층 사무실까지 직결이 안 됩니다. 1층 로비에서 짝수층 엘리베이터로 갈아타주시기 바랍니다."

이 짧은 메시지 하나가 고객에게 전달하는 의미는 다음과 같다.

- 약속을 소중히 생각한다.
- 항상 준비가 되어 있다.
- 상대방을 배려한다.

반대로 아무런 사전 연락 없이 나타나는 세일즈 담당자는 처음

상황	문자 예시
미팅 약속 확정 후	"내일 오후 2시 미팅 확인됐습니다. 주차는 지하 1층, 방문증은 1층 안내데스크에서 받으시면 됩니다."
미팅 당일 아침(알림)	"오늘 2시 미팅 잘 부탁드려요! 오시다 어려움 있으시면 언제든 연락 주세요"
미팅 직후 감사 메시지	"오늘 시간 내주셔서 정말 감사드립니다. 말씀 주신 내용 잘 정리해서 목요일까지 보내드릴게요!"
자료 발송 후 확인	"약속드린 자료 보내드렸습니다. 확인하시고 궁금하신 점은 편하게 연락 주세요"
응답 없을 때의 리마인드	"안녕하세요 팀장님, 혹시 지난주 보내드린 제안서 검토는 어떠신가요? 간단한 의견만 주셔도 큰 도움이 됩니다"

상황별 문자 예시

부터 다소 '일방적'이고 '준비 안 된 사람'으로 보일 수 있다.

미팅 기술도 중요하지만, 실제로 고객의 마음을 움직이는 건 아주 작고 사소한 배려들이다. 고객은 결국 당신의 태도와 관심, 진심을 구매한다. 문자와 메신저는 그런 진심과 관심을 지속적으로 전달할 수 있는 훌륭한 도구다. 고객에게 문자를 보낼 때는 단순한 업무적 연락이 아니라 '미팅을 위한 관계 구축'이라는 마음으로 보내보자. 위트 있는 이모티콘 한 개, 다정한 말투 하나가 당신의 세일즈를 크게 변화시킨다.

절대 하지 말아야 할 행동들

세일즈는 고객과의 소통이다. 소통의 핵심은 내가 무슨 말을 하느냐가 아니라 상대방이 내 말을 어떻게 받아들이느냐에 달려 있다. 고객은 우리의 미묘한 말과 행동에서 진심을 읽는다. 작은 행동 하나가 신뢰를 완전히 무너뜨릴 수 있다. 세일즈 미팅에서 반드시 피해야 할 행동들에 대해 알아보자.

첫째, 노트북에만 집중하는 행동. 미팅 자리에서 노트북을 펴고 끊임없이 타이핑하는 모습을 본 적이 있을 것이다. 얼핏 보면 성실하고 꼼꼼하게 일처리를 하는 듯 보일 수 있다. 그러나 고객의 입장에선 전혀 그렇지 않다. 고객은 자신이 하는 이야기가 상대방에게 제대로 전달되지 않는다는 느낌을 받게 된다. 고객은 우리의 행동을 통해 진심을 판단한다. 만약 내가 고객과 눈을 맞추지 않고 화면만 바라본다면 이렇게 생각할 것이다.

"지금 내 얘기를 듣고 있기는 한 건가?"

물론 세일즈 담당자들은 이렇게 변명한다. "나중에 보고서를 써야 하니까 내용을 놓치지 않고 기록하는 겁니다." 하지만 고객과의 진정한 소통을 놓치고 기록만 남기는 것이 과연 어떤 의미가 있을까? 세일즈의 본질은 기록이 아니라 대화다. 중요한 것은 고객의 반응과 눈빛, 몸짓을 통해 진짜 니즈를 발견하는 것이다. 세일즈 담당자는 서기가 아니다. 고객의 이야기를 주의 깊게 듣고 문제를 해결해 주는 파트너임을 기억해야 한다.

둘째, 고개를 숙이고 필기하며 말하는 행동. 미팅 중 끊임없이 노트에 필기하면서 말을 하는 습관을 가진 사람들이 있다(가령, 보안 시스템에 대해서 이야기를 할 때 실제로 노트에 '보안'이라는 글자를 쓰면서 말한다). 이 역시 고객과의 소통을 방해하는 행동이다. 고객과의 대화에서 계속 고개를 숙이고 메모만 하고 있으면 고객은 상대가 자기만의 세계에 빠져 있다고 느낀다. 많은 경우 이런 행태는 심리적인 불안에서 비롯된다. 자신의 생각이 제대로 정리되지 않았기 때문에 메모에 의지하는 것이다. 미팅은 내 생각을 정리하는 시간이 아니다. 미팅 전에 이미 머릿속을 명확히 정리해 두어야 한다. 고객과 만났을 때는 메모보다는 고객의 눈을 바라보고 대화에 집중해야 한다. 고객과의 신뢰를 쌓기 위해서는 상대를 바라보며 진심으로 대화하는 자세가 중요하다.

셋째, "뭐든지 가능합니다"라는 과장된 말투. 세일즈를 하다 보면 고객의 모든 요구를 들어주고 싶은 마음이 생긴다. 그러나 모든 요구를 충족할 수 있는 제품이나 서비스는 없다. 무조건 "뭐든 가능합니다"라고 과장하는 태도는 종국에는 신뢰를 무너뜨린다.
세일즈의 목적은 고객을 설득해 팔기 위한 것이 아니라 고객의 문제를 실질적으로 해결하는 것이다. 고객 앞에서 솔직하게 이야기하는 것이 중요하다. 예를 들어 "저희 제품이 강점이 있는 분야는 이러이러한데, 사실 특정 분야에선 제한적입니다"라고 진솔하게 설명하자. 이렇게 해야 고객은 우리를 더욱 신뢰하게 된다. 중요한 것은 우리 제품이 얼마나 뛰어난지 증명하는 것이 아니다. 고객의 문제를 실제로 해결하려는 진정성이 전달되어야 한다. 과장해서는 안 된다.

넷째, 고객을 '가르치려 드는' 태도. 세일즈 경험이 오래될수록 자연스럽게 전문성에 자신감이 생긴다. 그런데 자신감이 과도해져 고객을 '가르치는 듯한' 태도로 변질될 때가 있다. 특히 "그건 잘 모르시는 것 같은데요" 혹은 "제가 이 분야에서만 10년 넘게 일했으니 가장 잘 압니다"와 같은 말투는 고객의 마음을 순식간에 닫게 만든다.

고객은 우리의 학생이 아니다. 고객은 이미 현장에서 경험을 쌓은 전문가이며 자기 업무를 누구보다 잘 알고 있다. 고객에게 이렇게 말하는 것이 더 효과적이다. "이미 잘 알고 계시겠지만 제가 겪은 다른 고객사 사례를 참고로 소개드립니다. 다른 의견 있으시면 편하게 말씀 부탁드립니다."

고객의 의견과 경험을 존중하는 태도를 유지하는 것이 진정한 세일즈 전문가의 자세다. 고객은 자신의 의견이 존중받기를 원하며 협력적 파트너로 인식되길 원한다는 사실을 기억하자. 세일즈는 결국 고객과의 진정한 관계 맺기다. 미팅에서는 항상 고객의 눈을 바라보고, 진심으로 소통하는 것에 초점을 맞추자. 고객과의 소통을 방해하는 작은 행동 하나가 고객과의 신뢰를 무너뜨릴 수 있다는 사실을 명심해야 한다.

덮어놓고 답하지 말라

나는 여러 엑셀러레이터와 창업 지원 기관에서 멘토로 활동하며 스타트업 대표들을 꾸준히 만나고 있다. 그들 대부분이 비슷한 고민을 털어놓는다. 특히 "고객들이 대뜸 가격부터 물어봅니다", "요청대로 견적서를 보냈는데 그 뒤로 연락이 없습니다"라는 토로를 많이 한다. 대표들은 혹시 자신이 가격을 잘못 책정한 것은 아닌지 혹은 대응 과정에서 뭔가를 놓친 것은 아닌지 불안해한다. 이는 특정 회사만의 문제가 아니라 창업 초기 기업들이 공통적으로 겪는 전형적인 패턴이다.

세일즈 경험이 부족한 사람들이 흔히 빠지는 함정이 있다. 바로 고객이 가격을 물으면 즉답하는 습관이다. 그것이 프로답고 일처리를 잘하는 것이라 믿는다. 그러나 실제 세일즈의 문법은 다르다. 나는 대표들에게 늘 이렇게 말한다.

"참으세요. 고객이 가격을 물었다고 바로 견적을 주지 마세요. 우리는 견적 주는 기계가 아닙니다. 가격을 말하기 전에 고객의 상황을 먼저 이해해야 합니다. 어떻게 고객의 상황도 잘 모르면서 견적을 줄 수가 있겠어요?"

물론 무조건 답을 주지 말라는 뜻이 아니다. 고객의 질문에 성실히 답해야 한다. 그리고 여기에 '우리의 질문'을 붙여야 한다. 대답을 통해 신뢰를 주고 질문을 통해 대화의 주도권을 가져와야 한다. 질문의 형식은 정해져 있지 않지만 반드시 확인해야 할 것들은 있다. 가령 지금 고객이 어떤 문제를 겪고 있는지, 왜 하필 지금 우리 제품을 알아보는지, 내부 의사결정 구조가 어떻게 되어 있는지, 예산이 현실적으로 준비되어 있는지, 도입하지 않는다면 어떤 위험이 발생하는지를 파악해야 한다. 이 질문들은 단순해 보이지만 고객의 수면 아래 숨겨진 니즈를 발견하게 해주는 가이드가 된다.

중요한 것이 하나 더 있다. 대화의 수준을 한 단계 끌어올려야 한다. 예를 들어 가격 문의 메일을 받으면 반사적으로 견적서를 PDF로 첨부해 보내고 일을 끝내려는 경우가 많다. 이메일을 받으면 이메일로 답하고, 전화를 받으면 전화로 답하면 된다고 생각한다. 그러나 그 순간 세일즈는 정체된다. "이메일로 견적 요청이 들어오면 정확한 견적을 드리기 위해 몇 가지 확인할 게 있다며 5분 정도 통화를 요청하세요. 만일 전화로 최초 문의가 들어왔다면, 꼭 미팅을 요청하세요. 그래야 세일즈 한 단계 끌어올릴 수 있습니다." 이 방법을 세일즈에 적용한 대표들이 나중에 들려주는 피드백은 놀라울 만큼 비슷하다.

"코치님. 확실히 견적보다 미팅을 먼저 했던 고객들이 구매까지 이어지는 경우가 많았습니다."

"가격을 알려주기 전에 고객의 상황을 먼저 파악했더니, 이제는 안 사더라도 왜 안 사는지 그 이유는 알겠더라고요."

6장

영업은
결과로 말한다
Negotiation & Pricing

설득의 고수는 설득하지 않는다

많은 사람들이 세일즈의 본질을 '설득의 기술'이라고 말한다. '어떻게 말하면 설득할 수 있을까?' 이런 생각에 빠지다 보니 다들 말 잘하는 것에 관심이 많다. 그래서 너도나도 화려한 언변과 스크립트, 완벽한 제안서와 파워포인트 슬라이드에 몰두한다.

그러나 세일즈의 본질은 '설득'이 아니라 '수요의 발견'에 있다. 고객이 이미 가지고 있지만 명확히 드러나지 않은 수요를 발견하고 그것을 정확하게 충족시킬 수 있을 때 고객은 굳이 설득하지 않아도 우리를 선택하게 된다.

원형의 힘

1931년, 장 하이버그가 디자인
한 에릭슨 베이클라이트 전화기
를 보자. 이 전화기는 매뉴얼도,
설명서도 필요 없었다. 사람들은
그냥 보는 순간 알았다. 어떻게
들어야 하는지, 어디에 대고 말해

야 하는지, 다이얼을 어떻게 돌려야 하는지. 이 전화기를 처음 본
사람들에게는 고민이 없었다. 송수화기의 곡선을 보면 자연스럽게
귀 모양이 떠오르고 다이얼의 구멍들을 보면 손가락이 들어갈 자
리임을 직감한다. 형태 자체가 기능을 말해준다.

100년 가까이 지난 지금까지도 이 전화기는 '원형'으로 여겨진
다. 원형이란 인간의 무의식 속에 공통되게 나타나는 보편적인 이
미지를 말한다. 굳이 설명하지 않아도 누구나 자연스럽게 알 수 있
는 형태라는 뜻이다. 세일즈도 마찬가지다. 고객에게 원형을 제시
해야 한다. 고객이 길게 설명을 듣거나 고민할 필요 없이, 보는 순
간 '아, 이거구나'하고 직관적으로 이해하고 구매하게 만들어야 한
다.

목마른 수요를 발견하라

식권대장에서 영업이사로 일하던 때의 일이다. 당시 국내 대기

업인 D사를 찾아갔었다. 놀랍게도 그 회사는 매월 초마다 총무팀 직원 다섯 명이 무려 3일 동안 약 20만 장의 종이 식권을 일일이 세고 엑셀에 입력하며 정산하고 있었다. 전 임직원 1만 명이 매달 1인당 20장씩 식권을 사용했기에 매월 20만 장이 쌓였던 것이다.

생각해 보자. 평균 연봉 5,000만 원의 총무팀 직원 5명이 한 달에 사흘씩 오로지 종이를 세는 데만 매달리고 있다. 월 약 300만 원, 연간 3,600만 원 이상의 인건비가 단지 종이식권을 세는 일에만 낭비되는 셈이다. 나는 이 상황을 파악하고 별다른 설명 없이 모바일 식권 시스템에서 식대가 실시간으로 자동 정산되는 화면을 담당자에게 보여줬다. 그 순간 담당자의 눈빛이 확 달라졌다. 추가적인 설명이나 설득은 전혀 필요하지 않았다. 고객은 이미 문제를 명확히 알고 있었고, 우리 시스템을 본 순간 즉각적으로 "바로 이 거다!" 하고 깨달았다. 고객은 정말 필요한 것을 만나면 스스로 결정을 내리게 된다. 바로 이것이 진정한 설득의 본질이다.

갑자기 비가 쏟아지는 날 지하철 출구 앞에서 우산을 판다면 사람들은 자연스럽게 모여든다. 우산을 살지 말지 고민하거나 설득당할 필요가 없다. 이미 그들에게는 명확한 갈증이 있고 그 갈증을 해결할 제품이 눈앞에 있다. 이런 확실한 수요를 찾는 것이 가장 이상적이다.

그렇다면 시장에서 '목마른 수요'를 발견하려면 어떻게 해야 할까?

온라인에서 검색하고 책을 통해 배우는 것에는 한계가 있다. 가장 효과적인 방법은 고객과 직접 만나서 그들의 목소리를 듣는 것이다. 고객이 실제로 겪고 있는 문제와 고민을 정확하게 파악하고 싶다면 다음과 같은 구체적인 접근법을 활용하자.

첫째, 고객의 일터로 찾아가서 하루를 함께해보라. 고객의 문제를 진짜로 이해하고 싶다면 고객이 일하는 현장으로 가서 실제 하루의 업무 흐름을 관찰하고 경험해 봐야 한다. 책상 앞에서 고객이 설명해주는 이야기와 현장에서 실제로 겪는 문제는 다를 수밖에 없다. 고객의 일터에서 함께 일정을 소화하며 고객이 어떤 순간에 어려움을 겪고, 어떤 순간에 불편함을 느끼는지를 관찰하면, 고객 본인조차 깨닫지 못한 중요한 문제를 발견할 수 있다.

둘째, 고객의 감정과 솔직한 이야기를 끌어내는 인터뷰를 진행하라. 설문지로는 절대 고객의 진짜 목소리를 들을 수 없다. 편안한 분위기에서 진솔한 이야기를 끌어내야 한다. 고객이 실제 업무에서 느끼는 가장 큰 스트레스, 반복적으로 부딪히는 어려움, 매번 비슷한 실수를 반복하는 상황을 솔직하게 이야기할 수 있도록 이끌어야 한다.

셋째, 고객이 사용하는 기존 제품과 솔루션의 한계와 불만을 상세히 들어라. 고객이 가지고 있는 기존의 솔루션과 제품을 구체적으로 이야기해 보자. 단순히 "불편합니다"가 아니라 구체적으로 "이럴 때 너무 짜증나고 답답하다"고 고객이 직접 생생하게 표현할 수 있도록 해야 한다. 이런 대화 과정에서 고객의 진짜 갈증을 발견하게 된다. 그것이 곧 중요한 기회가 된다.

갈증을 찾아라

한강공원 바로 앞에서 돗자리, 캠핑 의자 등 피크닉 도구를 대여해 주는 가게를 본 적이 있는가? 그 가게 사장은 "돗자리의 품질이 얼마나 좋은지, 가격이 얼마나 합리적인지" 굳이 설명하지 않는다. 사람들은 한강에 놀러 온 순간 눈앞에 "돗자리 캠핑 의자 대여 5000원" 간판이 보이면 자연스럽게 발걸음이 향한다. 별다른 설득도, 긴 설명도 필요 없다.

이것이 바로 진정한 세일즈다. 적절한 시간에, 적절한 장소에서, 고객이 진짜 필요로 하는 것을 제시하는 것. 화려한 프레젠테이션도, 논리적인 설득도 필요 없었다. 고객의 진짜 갈증을 정확히 파악하고 그 갈증을 해결한 해답을 제시하는 순간, 고객은 스스로 선택한다. 최고의 설득은 설득하지 않는 것이다.

다양한 가격을 제시하라

넷플릭스의 요금제는 프리미엄, 스탠다드, 광고형 스탠다드 3가지로 나뉘어 있다. 왜 넷플릭스는 하나의 서비스를 3가지 가격으로 제시할까?

만약 넷플릭스가 "월 1만 3,500원입니다"라고만 말했다면 어땠을까? 어떤 고객은 "생각보다 비싸다"라며 가입을 주저했을 것이다. 하지만 선택지가 주어지면 마음은 달라진다. "광고는 귀찮고, 4K까지는 필요 없으니 스탠다드면 충분해." 실제로 2023년 미국 신규 가입자 중 42%가 스탠다드 요금제를 선택했다.

이처럼 가격을 3단계로 구성하면 고객은 '살까 말까'가 아니라 '무엇을 고를까'를 고민하게 된다. 이런 가격 전략을 '프레임 전환 전략'이라고 부른다. 고객이 구매 여부를 고민하는 대신, 여러 옵션 중 하나를 선택하게 함으로써 고객의 결정을 더 쉽게 만드는 것이다. 이처럼 가격표 자체가 자연스러운 설득의 도구가 될 수 있다. 글로벌 프리랜서 서비스 플랫폼 파이버(Fiverr)에 올라온 로고 디자이너의 가격표도 3단계로 제시되어 있다. 동일한 디자이너가 제공하는 동일한 디자인의 로고임에도 불구하고 3만 9,000원부터 8만 9,000원까지 폭넓게 책정되어 있다. 같은 모양, 같은 품질의 로고 디자인인데 왜 가격이 다를까? 로고 이외의 서비스를 다양화했기 때문이다. 잠시 살펴보자.

Basic 기본형(39,000원)은 가장 저렴한 옵션으로 로고 초안 1개와 기본적인 파일 형식(PNG, JPG, PDF)만 제공한다. 수정도 4회로 제한되어 있어 간단한 로고만 필요한 개인 사업자나 스타트업에 적합하다.

Standard 표준형(59,000원)은 가장 인기 있는 중간 옵션이다. 로고 초안 2개를 제공하고, 무엇보다 벡터 파일(AI, EPS)과 소스 파일을 함께 제공한다는 점이 핵심이다. 이는 향후 로고를 다양한 크기로 활용할 때 필수적이다. 수정 횟수도 8회로 늘어나 대부분의 중소기업에게 적합한 선택이다.

Premium 프리미엄형(89,000원)은 가장 완벽한 패키지로 로고 초안 3개는 물론, 명함 디자인, 문서용 양식지, 대봉투 등 문구 디자인까지 포함한다. 무제한 수정 서비스까지 제공하여 브랜딩 전체를 한 번에 해결하고 싶은 기업에게 이상적이다.

피버 가격표의 핵심은 고객이 "로고를 만들까 말까"가 아니라 "어떤 옵션을 선택할까"로 고민하게 만든다는 점이다. 기본형으로 유입된 고객도 "2만 원만 더 내면 벡터 파일도 받고 수정도 더 많이 할 수 있네"라며 자연스럽게 표준형으로 업그레이드를 고려하게 된다. 또한 표준형을 선택한 고객도 "3만 원만 더 내면 명함이랑 문구 디자인까지 받을 수 있다니, 따로 맡기는 것보다 훨씬 경제적이네"라며 프리미엄으로 올라가는 경우도 있다. 이처럼 고객 스스로 더 비싼 옵션을 선택하도록 유도하는 것이 입체적 가격 설계의 힘이다.

넷플릭스와 파이버의 가격 모델 사례가 특별한 것은 아니다. 슬랙, 줌, 노션 등 거의 모든 SaaS 기업들이 3단계 가격 모델 방식을 사용한다. 왜 그럴까?

첫째, 다양한 사용 패턴과 고객층을 폭넓게 포괄할 수 있다. 가끔 사용하는 고객은 베이직을, 일상적 업무를 하는 고객은 스탠다드를, 집중적으로 업무에 활용하는 고객이나 기업들은 프리미엄을 선택한다. 단일 가격으로는 포용할 수 없는 넓은 시장을 자연스럽게 흡수하는 것이다.

둘째, 고객 스스로 업그레이드를 결정하게 만든다. "팀원이 늘어났으니 추가 기능이 필요해졌네", "데이터 용량이 부족하니 업그레이드해야겠어"라며 고객은 자발적으로 상위 요금제로 이동한다.

셋째, '골디락스 효과(Goldilocks Effect)'를 활용한다. 사람들은 본능적으로 너무 적지도, 너무 많지도 않은 중간 옵션을 선택한다. 그리고 기업이 가장 많이 판매하고 싶은 바로 그 상품이 중간 가격에 위치한다.

중요한 것은 이런 가격표가 고객을 압박하지 않는다는 점이다. 기업은 "지금 당장 결제하세요!"라고 강요하지 않는다. 고객은 주어진 선택지 안에서 스스로 선택하고, 그 선택을 정당화하며 만족감을 느낀다.

하드웨어 제품에도 활용 가능한 입체적 가격 설계

"우리 제품은 하드웨어니까 당연히 가격이 하나뿐이지!"라고 생각할 수 있다. 하지만 하드웨어 제품이라도 단순히 제품 자체의 가격만 생각하면 놓치는 기회가 생긴다. 똑같은 제품이더라도 그 제품과 함께 제공되는 서비스나 옵션을 다르게 설계하면 다양한 가격 모델이 가능하다. 예를 들어 200만 원짜리 커피 머신을 판매한다고 가정해 보자. 그냥 단순히 "이 커피 머신은 200만 원입니다"라고 제안한다면 고객은 구매할지 말지의 문제만 고민하게 된다. 하지만 가격 옵션을 다양하게 나누어 제안한다면 고객의 고민은 완전히 달라진다.

가격 종류	제공하는 서비스 및 부가가치
기본형 (200만 원)	제품 + 1년 무상 A/S
안심형 (220만 원)	제품 + 3년 무상 A/S + 전국 출장 서비스
프리미엄형 (240만 원)	제품 + 3년 무상 A/S + 전국 출장 서비스 + 3년 후 60만 원 보상판매 보장

이처럼 제품 자체는 동일하지만, 각 옵션별로 제공되는 서비스와 혜택이 달라지면서 고객에게 느껴지는 가치는 완전히 달라진다. 고객은 자신의 상황과 우선순위에 따라 스스로 가장 적합한 옵션을 선택하게 된다.

어떤 고객은 단지 20만 원 정도만 더 지불하면 무상 A/S 기간이 1년에서 3년으로 늘어나고 전국 출장 서비스까지 받을 수 있다는 점에서 더 큰 가치를 느낄 수 있다. 또 다른 고객은 프리미엄 옵션을 보고 "지금 40만 원을 더 내더라도 3년 뒤 교체할 때 보상판매 혜택을 받으면 장기적으로는 오히려 더 경제적이겠네"라고 판단할 수도 있다. 이렇게 가격을 입체적으로 구성하면 고객은 '구매할지 말지'를 고민하는 것이 아니라 '어떤 옵션을 구매할지'를 고민하게 된다. 자연스럽게 더 높은 가격 옵션에 대한 선택 가능성이 높아지고, 매출과 고객 만족도가 동시에 증가한다. 가격 옵션을 다양하게 제시하는 것은 고객이 스스로 납득하고 결정하게 만드는 가장 강력한 설득 도구가 된다.

사례: 다양한 입체적 가격 구성 모델을 활용해 보라

가격을 입체적으로 구성하는 방법은 다양하다. 우리 회사의 제품과 서비스에 가장 잘 어울리는 가격 전략을 찾아서 적용해 보자.

① 3단계 가격 모델 (Good-Better-Best Pricing)

3가지 옵션으로 나누어 선택의 폭을 주고, 고객 스스로 적절한 옵션을 선택하게 만든다. 가장 일반적이며 강력한 방법이다. 예: 노션, 슬랙

② **구독 모델 (Subscription Pricing)**

정기적인 서비스 이용을 조건으로 월 단위, 연 단위의 결제를 유도한다. 고객의 지속적 유지를 통한 안정적인 수익 모델이다. 예: 넷플릭스, 스포티파이, 신문 구독 서비스

③ **코어-옵션 가격 모델 (Core-Options Pricing)**

기본적인 제품 또는 서비스를 제공하고, 추가로 다양한 옵션을 별도 비용으로 제공한다. 고객이 직접 자신에게 필요한 옵션을 선택하게 한다. 예: 자동차, 항공사

④ **무료 할증 가격 모델 (Freemium Pricing)**

기본적인 서비스는 무료로 제공하되, 고급 기능이나 추가 옵션을 유료로 판매하는 방식이다. 무료 서비스를 통해 고객을 유입시킨 후 유료 결제로 자연스럽게 유도한다. 예: 드롭박스, 줌, 링크드인

⑤ **면도기-면도날 가격 모델 (Razor-blade Pricing)**

기본 제품(면도기)을 저렴하게 판매하고, 반복 구매해야 하는 소모품(면도날)을 통해 지속적으로 수익을 창출한다. 프린터와 잉크 카트리지, 커피 머신과 캡슐 같은 상품에서 흔히 사용된다.

각각의 가격 모델에는 장단점이 있다. 중요한 것은 우리 제품과 서비스 특성에 가장 잘 어울리는 가격 전략을 찾는 일이다. 가격표를 다시 한번 점검해보라. 가격을 입체적으로 설계하는 것만으로도 더 많은 고객과 더 큰 매출을 얻을 수 있다. 고객 스스로 자신을 설득하게 만드는 것이 진정한 세일즈의 기술이다.

예산이 곧 가격이다

세일즈를 처음 시작한 사람들이 종종 이런 고민을 한다.

"고객마다 가격을 다르게 줘도 괜찮을까요? 서로 알게 되면 문제가 생기지 않을까요?" 결론부터 말하면 전혀 문제될 일이 없다. 명분이 분명하면 고객마다 다른 가격을 책정하는 것이 합리적인 방법이다. 특히 B2B에서는 이것이 더더욱 자연스럽고 효과적인 접근법이다.

병원에서 사용하는 의료용 제품과 일반 소비자가 구매하는 가정용 제품의 가격이 같을 리가 없다. 산업용 제품과 가정용 제품, 도매와 소매, 지역별 시장 차이를 반영해 가격을 달리 책정하는 것은 매우 자연스러운 일이다. 심지어 뮤지컬이나 콘서트 티켓도 좌석 위치, 예매 시점, 고객 신분 등에 따라 다양한 가격이 책정된다. 학생 할인, 직장인 할인, 조기 예매 할인 등 같은 공연을 보더라도 고객의 신분과 상황에 따라 가격이 달라진다. 그러나 이에 대해 불만을 보이는 사람은 거의 없다.

핵심은 가격 차이에 대한 명분이다. 가격이 달라야 하는 이유가 명확하고 합리적이라면 고객은 충분히 받아들인다.

B2B 세일즈에서 가격 책정의 출발점은 예산이다

B2B 시장에서 가격을 정하기 어려운 이유는 고객마다 가지고 있는 예산의 크기와 범위가 다르기 때문이다. 소비자는 지갑 속 현금과 신용카드 한도를 기준으로 구매를 결정하지만 기업 고객은 미리 책정된 예산 범위 내에서만 결제할 수 있다. B2B 세일즈는 고객이 가진 예산 범위를 출발점으로 삼아야 한다. 물론 표준 가격이나 기준 가격은 있어야 하지만 기업 고객이 그 표준 가격을 그대로 적용하는 경우는 거의 없다. 기업 고객의 구매 결정 과정은 복잡하고 장기적이며 제품의 사용 목적이나 규모, 조건이 모두 다르기 때문이다.

기업마다 구매 규모와 계약 기간이 다르고 필요로 하는 서비스나 추가 기능도 저마다 차이가 있다. 또한 구매 시점과 결제 조건이 상이하며 경쟁사와의 가격 비교도 반드시 거친다. 무엇보다 의사결정 과정에서 이해관계자가 한 명이 아니기 때문에 회사 규모, 요구 조건, 커스터마이징 수준, 서비스 범위 등에 따라 자연스럽게 가격 협상이 이루어지게 된다.

결국 B2B 세일즈에서 가격은 고정된 숫자가 아니라 고객과 우리 사이의 협상을 통해 유연하게 정해지는 개념이어야 한다. 따라서 B2B 가격 책정에서는 확정된 표준가를 제시하는 것이 아니라 고객의 예산을 철저히 파악하고 그 예산 안에서 최대한의 가치를 제공하는 것이 매우 중요하다.

고객의 예산을 파악하는 5가지 핵심 질문

세일즈 미팅에서 고객의 예산을 효과적으로 파악하려면 "고객님, 예산이 어떻게 되세요?"라는 질문만으로는 충분하지 않다. 기업 고객들은 예산을 직접적으로 언급하기를 꺼린다. 구체적인 예산이 확정되지 않은 경우도 많다. 따라서 예산을 파악하기 위해서는 전략적인 접근이 필요하다. 다음에 제시하는 질문들은 고객과 자연스럽게 대화를 나누면서 예산의 범위를 간접적이면서도 효과적으로 파악할 수 있는 방법이다.

첫째, "혹시 도입 일정은 어느 정도로 예상하고 계신가요?" 고객의 예산 집행 시기는 회사 내에서 이미 확정된 구매 예산과 밀접한 관련이 있다. 예를 들어 고객이 "다음 분기 초에 바로 도입하려고 합니다"라고 답한다면, 해당 분기에 예산이 이미 확보되어 있을 가능성이 높다. 반대로 "아직 시기가 확정되지 않았습니다"라면 내부적으로 예산 책정이 아직 명확하지 않거나 진행 중인 상황이라고 볼 수 있다.

둘째, "이 제품을 내부적으로 검토하고 계신 이유나 특별한 계기가 있으신가요?" 이 질문을 통해 고객이 느끼고 있는 문제의 심각성이나 긴급성을 알 수 있다. 고객이 특정 프로젝트나 내부의 중요한 변화와 연관해서 제품 도입을 고려하고 있다면 예산이 이미 구체화되어 있을 가능성이 크다. 반면 "일단 시장 조사를 하는 단계입니다"라고 답한다면 아직 예산 확정 전의 단계일 확률이 높다.

셋째, "이전에도 유사한 솔루션을 도입하신 적이 있으신가요? 그때는 어느 정도 예산으로 진행하셨나요?" 과거 경험에 기반한 질문을 던지면 고객도 자연스럽게 구체적인 예산 규모를 언급하기 쉽다. 이를 통해 고객의 일반적인 예산 범위를 간접적으로 유추할 수 있다. 만약 과거 사례가 없다면 "다른 부서에서 비슷한 솔루션을 도입한 사례가 있었는지, 그때의 예산은 어떻게 책정되었는지" 등을 물어봐도 좋다.

넷째, "내부적으로 검토 중인 다른 솔루션이나 업체가 있으신가요?" 경쟁사의 솔루션을 검토하고 있는 경우, 고객은 자연스럽게 가격이나 예산의 범위를 인지하고 있을 확률이 높다. 고객이 특정 경쟁사를 언급할 경우 해당 경쟁사의 대략적인 가격대나 제품 구성을 통해서 고객의 예산 수준을 짐작할 수 있다.

다섯째, "의사결정 과정에서 가장 중요하게 고려하는 기준이 무엇인지 알 수 있을까요?" 가격이 주요 기준이라고 언급하면 고객은 예산을 이미 구체적으로 책정한 상태에서 세부적으로 비교하고 있을 가능성이 크다. 반면 기능이나 서비스 품질이 더 중요하다고 말한다면, 예산에 대한 유연성이 상대적으로 높을 수 있다.

이렇게 구체적이고 자연스러운 질문을 통해 고객의 예산 상황을 충분히 파악할 수 있다. B2B 세일즈에서는 고객의 예산을 출발점으로 삼고, 그 범위 안에서 가장 적합한 솔루션을 설계하고 제공하는 것이 핵심이다. 결국, 고객이 준비한 예산이 가격을 결정하는 가장 현실적이고 효과적인 기준이다.

예산 파악이 끝나면, 무엇을 해야 할까

예산 범위를 알아냈다고 해서 끝이 아니다. 그 예산에 맞는 최적의 솔루션을 설계해야 한다. 여기서 가장 중요한 것은 무조건적인 할인이 아니라 '가치의 재구성'이다.

고객의 예산이 우리의 표준 가격보다 낮다면 2가지 방향으로 접근할 수 있다. 첫 번째는 솔루션의 범위를 조정하는 것이다. 모든 기능을 한 번에 제공하는 대신 고객이 가장 시급하게 필요로 하는 핵심 기능부터 시작하여 단계적으로 확장하는 방식을 제안한다.

두 번째는 계약 조건을 유연하게 조정하는 것이다. 일시불 결제에서 분할 결제로 변경하거나, 계약 기간을 조정하여 월 부담을 줄이는 방법을 찾는다.

B2B 세일즈에서 성공하려면 고객의 예산을 정확히 파악하고, 그 예산 안에서 고객이 원하는 가치를 최대한 제공하는 창의적인 솔루션을 만들어내야 한다. 가격 할인이 아니라 고객의 상황에 맞는 맞춤형 제안을 통해 양쪽 모두 만족할 수 있는 윈-윈 상황을 만드는 것이다. 고객이 "우리 예산에 딱 맞는 솔루션을 제안해주는구나"라고 느끼는 순간, 세일즈는 이미 절반 이상 성공한 것이다. 가격은 더 이상 장벽이 아니라 협력의 출발점이 되고, 고객은 우리를 단순한 공급업체가 아닌 파트너로 인식하게 된다.

절대 다투지 마라

협상은 이기고 지는 게임이 아니다. 협상의 본질은 상호 호혜(互惠)다. 나만 이익을 보는 것이 아니라 상대도 이익을 얻도록 서로의 이익을 창의적으로 나누어야 한다. B2B 세일즈는 단 한 번의 거래가 아니라 앞으로 지속될 장기적인 관계를 바탕으로 완성된다.

당신이 가게를 운영한다고 가정해 보자. 그 가게에 오늘만 오고 다시는 오지 않을 손님이라면 서비스 품질에 크게 신경 쓰지 않을 수도 있다. 하지만 오늘도 오고 내일도 오고 1년 후에도 계속 찾아올 단골이라면 이야기가 달라진다. 고객과의 관계가 길어질수록 후기와 평판, 신뢰가 매우 중요해진다. 비즈니스에서 협상 역시 마찬가지다. 상대방을 단지 이겨야 할 상대가 아닌 장기적으로 신뢰하고 존중해야 할 파트너로 바라보는 자세가 필요하다.

훌륭한 바리스타의 조건

프릳츠커피 김병기 대표가 바리스타 지원자 면접에서 자주 묻는 질문이 있다.

"커피 맛과 친절함 중 어떤 걸 선택하시겠어요?"

대부분 지원자들이 맛을 선택한다. 그러면 김 대표는 지원자에게 이렇게 묻는다.

"그렇다면 지금 바로 바에 가서 맛있는 커피 한 잔 만들어주실 수 있나요?"

지원자들은 순간 당황하고 고민을 시작한다. 당장 놀라운 수준의 커피를 내리는 일은 결코 쉽지 않기 때문이다. 누구나 기술적인 완성도를 갖추고 훌륭한 바리스타로 성장하려면 일정한 시간이 필요하다. 아무도 태어날 때부터 완벽한 커피를 내리는 사람은 없다. 김 대표는 이렇게 말한다.

"최고의 기술자로 성장하는 데 필요한 물리적 시간을 벌어주는 것이 바로 친절입니다. 당장 최고의 커피를 제공할 수 없다면, 손님에게 친절하게 대해 다시 올 기회를 얻어야 합니다. '지금 제가 최고의 커피를 내리진 못하지만 다시 오시면 그때는 정말 맛있는 커피를 드릴 수 있도록 노력하겠습니다'라고 말하면 되잖아요."

이 이야기는 협상에서도 매우 중요한 교훈을 준다. 단지 협상에서 원하는 조건만 고집하며 상대를 압박하는 태도로만 일관한다면 그 협상에서는 어쩌면 성공할지 몰라도 다시는 기회를 얻지 못할 수 있다. 하지만 상대에게 진정한 친절과 존중, 공감을 표현한다면 설사 이번 협상에서 원하는 결과를 얻지 못해도 다시 한번 협상할 기회를 얻을 수도 있다.

아무리 훌륭한 콘텐츠와 제품을 가졌어도, 사람과 사람 간의 신뢰가 없다면 거래 성사는 불가능하다.

상대의 마음을 얻는 3가지 기술

상대를 내 편으로 만들고 장기적인 신뢰 관계를 구축하기 위해 다음 3가지 기술을 활용해 보자.

첫째, 상대를 진심으로 존중하기. 협상에서 나를 피동적으로 평가받는 사람으로 여기지 말고, 내가 능동적으로 상대를 먼저 존중하고 인정하는 주체가 되어야 한다. 상대를 평가하거나 이겨야 할 경쟁자로 바라보지 말고, 적극적으로 상대의 입장에서 생각하고 상대가 원하는 것을 파악하며 존중하는 태도를 가져야 한다. 존중

(Respect)이란 '다시(Re) 바라보는(Spect)' 것이다. 상대를 나의 관점에서만 판단하지 않고, 상대방의 시각에서 다시 바라보는 태도를 가지는 것이 협상의 시작이다.

이렇게 해보세요

- 상대를 진정으로 돕고자 하는 태도와 마음을 갖는다.
- 상대방의 전문성과 경험을 인정하고 높게 평가한다.
- 상대방이 까다로운 사람이더라도 '상대하기 어려운 사람'으로 치부하지 말고 호기심을 갖고 바라본다.

둘째, 상대를 있는 그대로 인정하기. 상대방의 의견을 인정(Acknowledge)한다는 것은 상대의 말에 무조건 동의(Agree)하는 것이 아니다. 다만 상대의 의견과 감정을 있는 그대로 받아들이고 이해하는 것이다. 상대방의 감정과 입장을 판단하지 않고 그대로 인정하는 태도를 갖추자.

이렇게 해보세요

- 상대의 의견을 듣고 난 뒤 "제가 고객님의 말씀을 제대로 이해했는지 확인해봐도 될까요?"라며 내용을 정리해 다시 전달한다.
- 상대방이 불만이나 우려를 표현했다면 "충분히 그렇게 느끼실 수 있을 것 같습니다."라고 감정에 공감하는 표현을 사용한다.

셋째, 숨겨진 진짜 이슈 찾기. 고객이 협상 과정에서 겉으로 드러내는 요구사항은 대부분 표면적이다. 고객의 진짜 문제와 숨겨진 욕구는 보이지 않는 '수면 아래'에 존재한다. 따라서 즉답을 피하고, 상대방의 진짜 의도와 숨겨진 문제를 탐색하는 것이 필요하다.

- 상대가 특정 요구사항이나 기능을 요청할 때 즉답하지 않고, "혹시 그 기능이 필요한 구체적인 이유를 좀 더 말씀해 주실 수 있을까요?"라고 질문한다.
- 상대의 대답 속에서 진짜 문제를 발견하고, 그것을 해결하기 위한 대안을 함께 모색한다.

협상 현장에서 상대를 강압적으로 누르고, 상대방의 이익은 전혀 고려하지 않는 방식은 절대로 오래가지 못한다. 상대를 존중하고 공감하며 서로의 이익을 창의적으로 나누려는 태도를 가진 사람들이 훨씬 더 오래 생존하고 성공한다. 협상은 결코 옳고 그름의 문제가 아니라 장기적인 비즈니스 관계를 유지하기 위한 '생존의 문제'다. 부드러운 카리스마로 상대를 존중하고 인정하며, 숨겨진 진짜 이슈를 탐색하여 서로가 윈-윈할 수 있는 창조적 해법을 함께 찾아가야 한다. 이것이 바로 상대의 마음을 얻고, 지속 가능한 성공을 만들어가는 진정한 협상의 본질이다.

협상을 떠올리면 "상대를 이겨야 한다"고 생각하기 쉽다. 하지만 협상의 고수는 상대가 스스로 선택했다고 믿게 만든다. 세일즈에서는 이것을 '부드러운 설득'이라 부른다. 사람의 마음은 논리가 아니라 맥락과 구조에 따라 움직인다. 그래서 강한 메시지보다 더 중요한 것은 어떤 방식으로 선택지를 제시했는가이다.

실제로 세일즈 현장에서 이 전략은 매우 강력한 무기가 된다. 가격을 말하는 방식, 순서를 배열하는 방식, 제안서의 레이아웃 하나만 바꿔도 상대의 결정을 거절에서 수용으로 바꿀 수 있다.

실제로 나도 세일즈 현장에서 자주 이 기법을 활용한다. 견적을 제안할 때도 가격만 던지지 않는다. 디폴트 옵션을 활용해 자연스럽게 권장 옵션을 제시하거나 사회적 증거를 들어 고객에게 안정감을 주고 앵커링 효과를 통해 합리적인 가격 기준점을 형성한다. 이렇게 하면 나도 편하고, 상대방도 부담 없이 자연스러운 마음으로 결정을 내리게 된다.

지금부터 세일즈 현장에서 바로 적용할 수 있는 대표적인 전략을 소개한다.

1. 디폴트 옵션: 고객이 자연스럽게 따르게 하라

사람들은 특별한 이유가 없다면 이미 설정된 옵션을 그대로 선택하려는 경향이 있다. 미국이나 유럽을 여행한 경험이 있다면 레스토랑 계산서에 적힌 "기본 팁 15%"를 아무 생각 없이 받아들였던 기억이 있을 것이다. 이미 제시된 옵션은 선택의 부담을 줄여주기 때문이다.

세일즈 현장에서도 마찬가지다.

- 제안서에서 "기본형 / 표준형 / 프리미엄형"으로 구성하고, 가운데 표준형을 추천 옵션으로 표시하자. 고객은 특별한 반감이 없다면 자연스럽게 추천 옵션을 선택하게 된다.
- 미팅 약속 시에도 "화요일 오후 2시가 어떠신가요? 혹시 그때 안 되시면 다른 시간 말씀해주세요"라고 구체적인 시간을 제안하자. 고객은 다른 옵션을 고려하기 전에 기본으로 제안된 시간을 먼저 받아들이게 된다.

2. 사회적 증거: "남들도 이렇게 한다"라고 안정감을 줘라

사람은 자신만 다르게 행동하는 것을 꺼린다. 그래서 많은 사람이 선택한 옵션을 자연스럽게 따라가려는 심리가 있다. 영국 세무 당국이 "대부분의 사람들이 기한 내 세금을 납부했다"고 안내했을 때 납세율이 급격히 올라간 사례가 이를 잘 보여준다. 구체적인 숫자와 사례를 제시하면 고객은 안정감을 느끼고 더 쉽게 결정할 수 있다.

세일즈 현장에서도 이 원리를 활용할 수 있다.

- "이 업계 기업 중 80%가 이미 이 솔루션을 선택했습니다."
- "작년에 도입한 비슷한 규모 회사들이 평균적으로 매출이 20% 상승했습니다."

3. 프레이밍 효과: 같은 말이라도 다르게 하라

동일한 내용이라도 어떻게 표현하느냐에 따라 선택은 크게 달라진다. 의사가 수술의 위험을 설명할 때 "10명 중 1명이 실패합니다"라고 말하면 불안감을 느끼지만, "10명 중 9명은 성공합니다"라고 표현하면 안정감을 느끼고 긍정적으로 받아들인다.

세일즈 상황에서는 이렇게 활용할 수 있다.

- "월 90만 원 비용"보다는 "하루에 단 3만 원 투자"
- "30% 할인" 대신 "정가 대비 70만 원 절약"
- "실패 확률 5%" 대신 "성공 확률 95%"

4. 앵커링: 처음 제시하는 정보가 판단의 기준이다

처음 제시된 정보는 고객에게 강력한 기준점(anchor)으로 작용한다. 특히 가격 협상에서 처음 던진 숫자는 고객의 심리적 기준을 결정짓는다. 이를 전략적으로 활용하면 고객은 제시된 가격을 더욱 매력적이며 합리적이라고 받아들이게 된다.

세일즈 상황에서는 이렇게 활용할 수 있다.

- "보통 이런 프로젝트는 500만 원 정도가 평균인데, 이번에는

특별히 350만 원에 제공할 수 있습니다.”

- 제품 소개 시 “프리미엄형(1000만 원)” → “표준형(700만 원)” → “베이직형(500만 원)” 순으로 제안해서, 고객이 중간 옵션을 선택하도록 유도한다.
- 첫 제안에서 의도적으로 높은 기준점을 설정하고 점진적으로 하향 조정하여, 최종 가격이 고객에게 매우 합리적으로 느껴지도록 한다.

5. 손실 회피: 잃는 것을 더 두려워하는 심리를 활용하라

사람들은 무언가를 얻는 것보다, 이미 가지고 있는 것을 잃는 것에 더 민감하게 반응한다. 같은 혜택이라도 “얻는다”는 표현보다 “잃지 않기 위해 행동해야 한다”는 표현이 더 강력하게 작용한다. 세일즈에서는 고객이 행동을 미루지 않고 ‘지금 선택’하도록 만드는 데 이러한 심리를 적극 활용할 수 있다.

세일즈 상황에서는 이렇게 활용할 수 있다.

- “이번 특별 혜택은 이번 주까지만 적용됩니다. 다음 주에는 정상가로 전환됩니다.”
- “지금 이 제품을 구매하지 않으면, 사은품이 마감됩니다.”
- “이 기능은 기본 포함이지만, 다음 달부터는 별도 옵션으로 전환될 예정입니다.”

6. 옵트인/옵트아웃 전략: "선택하게 하라" 혹은 "거부하지 않게 하라"

옵트인(opt-in)은 고객이 명시적으로 선택해야만 참여하게 되는 구조이고, 옵트아웃(opt-out)은 고객이 별도로 거부하지 않으면 자동으로 포함되는 구조다. 두 방식 모두 사람들의 심리적 습성 (귀찮음, 회피 등)을 활용해 보다 높은 참여율을 이끌어내는 대표적인 넛지 전략이다.

세일즈 상황에서는 이렇게 활용할 수 있다.

- 옵트인 전략: "최신 트렌드 백서를 원하시면 아래 양식을 작성해 주세요." → 이 경우 고객이 자발적으로 정보를 남겨야 리워드를 받을 수 있는 구조라, 순도 높은 좋은 잠재 고객을 유치할 가능성이 높아진다.

- 옵트아웃 전략: "표준형 견적에는 A/S 1년이 포함되어 있는데, 제외를 원하시면 말씀 주세요." → 별도로 요청하지 않으면 자동 포함되어 굳이 제외하지 않으면 기본 사양에 포함되어 매출 증대 효과를 기대할 수 있다.

7. Make It Easy 원칙: 선택을 쉽게 할 수 있게 하라

사람들은 복잡하거나 어려운 과정을 싫어한다. 선택이 복잡할수록 결정을 미루게 된다. 고객의 의사결정 과정을 간결하게 설계해야 하며, 가능한 한 '행동 장벽'을 낮추어야 한다.

세일즈 상황에서는 이렇게 활용할 수 있다.

- 긴 제안서 대신 '한 페이지 요약본'을 먼저 제시하고, 전체 파일은 링크나 별도 자료로 제공한다.
- "3가지 핵심 포인트만 말씀드리면요…"처럼 제품이나 서비스의 핵심을 짧게 정리해 먼저 설명한다.

8. 선택지 구성: Yes or No 대신 When or How

고객에게 단순히 "구매하시겠어요?"라고 묻는 것은 고객 입장에서 살지 말지를 두고 불편한 마음을 갖게 만든다. 하지만 질문의 구조를 바꾸면 고객의 인식을 '구매 여부'가 아닌 '구매 방식'으로 이동시킬 수 있다. 이처럼 질문의 틀을 바꾸는 것만으로도 고객의 결정률은 크게 달라진다.

세일즈 상황에서는 이렇게 활용할 수 있다.

- "도입을 이번 달에 시작하실까요, 아니면 다음 달 일정이 더 편하신가요?"
- "3개월 체험형으로 가실지, 6개월 패키지로 바로 전환하실지 어떤 게 더 좋으세요?"

고객은 자신이 설득당했다고 생각하는 순간 거부감을 느끼고 자신이 스스로 선택했다고 생각하는 순간 기꺼이 지갑을 연다. 기술보다 사람의 마음에 집중해야 한다. 부드럽고 자연스러운 접근을 통해 고객의 선택을 돕는 것이 성공적인 세일즈 설득 전략이다.

관계를 이어가는 윈-백 전략

세일즈 현장에서 가장 듣기 괴로운 대답 중 하나가 고객의 "아니요"다. 특히 많은 노력과 정성을 들인 제안이 거절당했을 때는 큰 좌절감을 느끼게 된다. 하지만 고객의 "No"가 반드시 끝을 의미하는 것은 아니다. 장기적인 비즈니스에서는 당장의 실패를 미래의 성공으로 바꾸는 지혜가 필요하다.

거절당한 제안도 장기적인 관점에서 보면 중요한 전환점이 될 수 있다. 입찰이나 제안이 실패했을 때 중요한 것은 고객과의 관계를 회복하고 앞으로 더 좋은 기회를 만드는 것이다. 이때 서두르거나 재촉하지 않고, 친근하고 자연스럽게 고객이 다시 마음을 열도록 이끌어야 한다. 이것이 바로 윈백(Win-Back) 전략이다.

지금부터 고객이 '아니요'라고 했을 때 관계를 자연스럽게 유지하고 회복하기 위한 윈백 전략을 소개한다.

1. 이메일로 감사 인사와 후속 미팅 요청하기

입찰이나 제안이 실패했을 때, 너무 늦지 않게 고객과의 소통을 이어가는 것이 중요하다. 많은 세일즈 담당자들이 이 시점에서 당황하거나 자존심 때문에 연락을 피하게 되는데, 일단 관계를 회복하면 새로운 기회가 생길 수 있다. 이때 보내는 첫 번째 이메일의 목적은 실패를 깔끔하게 인정하고, 향후 협력 의지를 분명하게 표현하는 것이다. 이 이메일은 고객에게 "이 사람은 결과에 연연하지 않고 성숙하게 대처하는구나"라는 긍정적인 인상을 심어준다.

"이번 입찰에 참여할 수 있어서 정말 감사했습니다. 비록 이번에는 좋은 결과로 이어지지 못했지만, 고객님과의 관계는 앞으로 더욱 소중하게 생각하고 있습니다. 가능하시다면 다음 주 초에 15분 정도 짧게 피드백을 듣고 싶습니다. 저희가 부족했던 부분을 알려주시면, 앞으로 더 좋은 제안을 드리는 데 큰 도움이 될 것 같습니다."

2. 전화로 후속 미팅 잡기

이메일을 보낸 후 1~2일 이내에 후속 전화로 미팅을 제안한다. 이메일만으로는 진정성이 충분히 전달되지 않을 수 있고, 고객이 응답하지 않을 가능성도 있다. 전화는 즉석에서 고객의 반응을 확인하고 적절히 내응할 수 있다는 장점이 있다. 이때 중요한 것은 고객의 반응을 즉시 파악하고 그에 맞춰 유연하게 대처하는 것이다. 고객이 부담스러워한다면 강요하지 말고, 호의적이라면 구체적인 일정을 제안해야 한다.

이 단계의 목적은 당장 성과를 내는 것이 아니라 고객과의 소통 채널을 열어놓는 데 있다.

고객이 비교적 호의적일 때	"이전에 보내드린 이메일 보셨는지 궁금해서 연락드렸습니다. 괜찮으시다면 이번 주 또는 다음 주 중 편하신 시간에 잠시 뵙고 피드백을 듣고 싶습니다."
고객이 부담스러워하는 경우	"급하게 미팅을 요청드린 것은 아닙니다. 편하신 시간에 간단히라도 의견 주시면 정말 감사하겠습니다."

3. 후속 미팅 시 효과적인 질문 전략

후속 미팅이 성사되었다면, 이제 고객의 진짜 마음과 이슈를 파악하기 위한 질문이 필요하다. 많은 세일즈 담당자들이 이 자리에서 "왜 우리가 안 되었나요?"라는 직접적인 질문을 하는데, 이는 고객을 방어적으로 만들 수 있다. 대신 고객의 관점에서 부족한 부분과 더 발전시킬 수 있는 영역을 파악하는 데 집중해야 한다. 이 미팅의 진짜 목적은 다음 기회를 위한 인사이트를 얻는 데 있다.

미팅 시 질문 예시	
탈락 이유 이해	"저희 제안 중 가장 부족했던 부분은 무엇인가요?"
선택 기준 이해	"이번 프로젝트에서 특히 중요하게 생각하신 점은 어떤 부분이었나요?"
경쟁사 차별점	"선택하신 업체가 특별히 만족스러웠던 점은 어떤 것이었는지 궁금합니다."

| 향후 협력 탐색 | "향후 저희가 어떤 부분을 보완하면 다시 함께할 가능성이 있을까요?" |

4. 냉담한 고객 반응에 대처하는 기술

어떤 고객은 냉담하거나 심지어 적대적인 반응을 보일 수도 있다. 세일즈 과정에서 너무 적극적이거나 압박적으로 접근했던 경우 더욱 그럴 수 있다. 이런 상황에서는 지나치게 밀어붙이지 않고, 인간적이고 솔직한 태도를 유지하자. 고객의 감정을 인정하고 존중하면서도, 당신의 진정성을 전달하는 균형이 필요하다.

경직된 관계를 회복하기 위한 메시지

"이미 결정된 사항이라는 점 잘 알고 있습니다. 절대 불편하게 해드리려는 의도는 없습니다. 다만 제가 이 업계에서 더 잘하고 싶어서, 부족했던 점을 명확히 알고 배우고 싶다는 마음입니다. 짧게라도 조언을 주시면 정말 큰 도움이 될 것 같습니다."

5. 장기적 관계 유지 액션 플랜 작성

거절당한 후의 관계 회복은 단발성 이벤트가 아니라 체계적이고 장기적인 과정이어야 한다. 많은 세일즈맨들이 한 번 거절당하면 바로 포기하거나, 반대로 너무 성급하게 재접근을 시도한다. 하지만 고객의 입장에서 자연스럽고 부담스럽지 않은 속도로 관계를 복원해 나가야 한다.

다음에 제시한 액션 플랜은 1년을 기준으로 설계했지만, 꼭 1년에 맞춰야 할 필요는 없다. 상황에 따라 6개월이 될 수도, 18개월이 될 수도 있다. 따라서 서두르지 않아야 한다. 충분한 시간을 두고 고객에게 지속적인 가치를 제공하면서 신뢰를 쌓고, 동시에 고객사의 변화하는 상황과 새로운 니즈를 차근차근 파악해야 한다.

급한 마음에 몇 달 만에 다시 제안을 들고 가면 고객은 "벌써?" "또?"라는 부담스러운 감정을 느낄 수 있다.

시기	액션 플랜	구체적 내용
1개월 이내	감사 인사, 즉시 피드백 요청	이메일 또는 전화로 후속 미팅 제안
3개월 후	업계 동향이나 고객에게 유익한 인사이트 제공	업계 트렌드 리포트, 백서 등 제공
6개월 후	고객사의 주요 이슈에 맞춘 맞춤형 정보 제공	시장 분석 자료, 맞춤형 보고서
9개월 후	간단한 점심 또는 커피 미팅 제안	고객사의 현재 상황 파악, 새로운 니즈와 애로사항 청취
12개월 후	기존 제안의 개선점 언급 및 새로운 제안	개선된 제안서 및 솔루션 소개

의료기기 스타트업의 윈백 사례

내가 세일즈 코칭을 진행했던 한 의료기기 스타트업은 중견 제약 회사에 자사의 의료기기 솔루션을 제안했다. 고객사는 처음부터 제품에 관심을 보였지만 최종 결정에서는 경쟁업체를 선택했다. 의료기기 스타트업의 조 대표는 결과를 듣고 크게 실망했다. 하지만 너무 실망할 필요는 없어 보였다. 나는 고객사 담당자에게 메시지를 보내라고 조언했다.

"저희에게 좋은 기회를 주셔서 정말 감사합니다. 비록 이번에는 함께하지 못했지만, 나중에라도 저희 제안에서 부족했던 점을 말씀해 주시면 다음에 더 나은 모습으로 찾아뵐 수 있을 것 같습니다."

담당자는 이 메시지에 곧바로 회신을 보냈다. 처음에는 형식적인 피드백에 불과했지만, 조 대표는 이후에도 지속적으로 고객사 담당자와 연락을 유지하면서 업계 정보나 도움이 될 만한 인사이트를 주기적으로 공유했다. 몇 달이 지난 후 업계 전시회에서 우연히 다시 만난 고객사의 담당자는 조 대표에게 이렇게 말했다.

"사실 그때 저희가 선택한 업체가 서비스 대응이 너무 느려 내부적으로 조금 불만이 있어요."

나는 이 이야기를 듣고 조 대표에게 더욱 적극적으로 관계를 유지하며 정기적인 만남과 정보 공유를 이어가라고 강조했다. 그렇게 1년 가까이 관계 유지가 이어졌고, 고객사는 새로운 프로젝트를 진행하면서 다시 한번 스타트업에 제안을 요청했다. 결국 두 번째 경쟁에서는 계약을 성사시킬 수 있었다.

고객이 지금 'NO'라고 했다고 해서 그것이 영원한 'NO'는 아니다. 중요한 것은 지금의 결과가 아니라 지속적인 관계 개선과 신뢰를 쌓아가는 과정이다. 윈백 전략은 그런 점에서 매우 강력한 접근 방법이다. 진정성과 꾸준한 소통을 통해 고객과의 관계를 유지한다면, 기회는 반드시 다시 찾아온다.

7장

영업은
마음 챙김이다
Relationship & Mindfulness

경청의 자세

세일즈 현장에서는 고객과의 관계가 껄끄러워지거나 어색해져 미묘한 긴장감이 흐를 때가 있다. 의도하지 않은 실수를 하거나 상대가 내 행동이나 말을 오해할 수 있다. 관계에 금이 가기 시작하면 미팅 분위기는 금세 서먹해지고 소통에도 장벽이 생긴다. 이런 순간, 내나우는 불편한 관계를 서둘러 회복하기 위해 밀을 더 잊거나 자신의 입장을 변호하고 설명하는 데 집중한다.

하지만 말이 많아지고 논리가 길어질수록 관계는 더 멀어지고 신뢰의 문은 닫힌다. 관계가 어긋난 상황에서는 말솜씨나 논리보다 상대방의 말과 감정에 진심으로 귀를 기울이는 경청을 통한 공감이 훨씬 효과적이다.

안타깝게도 경청과 공감의 중요성을 알면서도 이를 실천하는 방법을 모르는 이들이 많다. 경청은 듣기만 하는 행위가 아니다. 진정한 경청은 상대가 충분히 이해받고 있다고 느끼도록 공감을 몸밖으로 표현하는 것이다. 경청은 두 글자의 한자가 합쳐진 단어다. 기울일 경(傾)과 들을 청(聽)이다.

- 기울일 경(傾)은 내 몸과 마음을 온전히 상대에게 기울여 집중하는 적극적이고 진지한 태도를 의미한다. 이는 상대방의 말을 가볍게 흘려듣는 것이 아니라 상대의 말에 온전히 몰입하고 집중하는 자세를 의미한다.
- 들을 청(聽)은 귀로만 상대방의 말을 듣는 게 아니라, 상대의 숨겨진 진심과 감정, 말로 표현되지 않은 의도까지도 제대로 듣고 이해하려는 적극적인 태도다.

이 2가지가 결합된 경청을 제대로 할 때 상대는 비로소 자신이 존중받고 있다고 느끼고, 관계 회복의 문을 다시 열게 된다.

이제 고객의 마음을 얻는 가장 강력한 기술, 경청과 공감을 효과적으로 실천하는 3가지 방법을 소개한다.

첫째, 환경적, 시각적으로 집중할 수 있는 분위기를 만들어라

고객과의 관계를 회복하려면 미팅 장소와 환경에 좀 더 세심한 신경을 써야 한다. 장소 선택 하나만으로도 관계 회복 가능성은 크게 달라질 수 있다. 가능하면 고객이 편안하고 안정감을 느낄 수 있는 장소를 선택한다. 주변이 산만하거나 방해 요소가 많으면 집중이 어렵고 상대방도 우리의 진심을 제대로 느낄 수 없다. 대화에 온전히 몰입할 수 있도록 휴대폰이나 노트북 같은 물건은 내려놓고 시선과 자세를 상대에게 기울여 집중하겠다는 자세를 보여줘야 한다. 그만큼 장소 선택에 신중하고 고객이 대화하기 쾌적한 환경을 만들어주는 것이 중요하다.

둘째, 공감을 밖으로 표현하라

경청은 상대방의 감정과 입장을 충분히 이해하고 있다는 것을 상대가 느낄 수 있도록 적극적으로 표현해야 한다. 관계가 다소 어색한 상태라면 공감의 표현이 더 명확하고 적극적이어야 한다. 대면 미팅에서는 상대방의 말을 듣는 동안 가볍게 고개를 끄덕이며 “네, 맞아요”, “충분히 그럴 수 있죠”와 같은 추임새를 넣는다. 과하지 않게, 말의 흐름을 방해하지 않으면서도 “이 사람이 내 말을 제대로 듣고 있구나”라고 느끼도록 해야 한다.

특히 전화 통화 시에는 시각 정보가 차단된 상태라 오로지 청각에 의존해야 한다. 때문에 공감을 말로 표현해야 한다. 예를 들어 고객이 "요즘 일이 너무 많아 정신이 없어요"라고 말하면 "정말 정신없이 바쁘고 힘드시겠어요"라고 되받아줘야 상대가 심리적으로 안정을 느낄 수 있다.

셋째, 마음과 이슈를 분리하라

경청과 공감을 강조하면 많은 사람이 걱정하는 부분이 있다. "공감을 해주면 내가 지고 들어가는 거 아닌가?", "공감해주면 고객의 요청을 다 받아줘야 하는 거 아닌가?"라는 우려다. 세일즈 코칭을 할 때 자주 받는 질문이기도 하다. 고객의 마음에 공감하는 것과 고객의 모든 요청을 다 들어주는 것은 분명히 다르다. 고객이 느끼는 불편한 감정을 어루만져주는 것과 실제로 요청하는 이슈를 들어주는 것은 서로 다른 차원의 문제다. 마음을 이해하고 공감해 준다고 해서 곧 고객의 요청을 다 받아들인다는 뜻이 아니다. 예를 들어 고객이 가격 문제로 불만을 제기했을 때 다음과 같이 말할 수 있다.

"비용 문제로 많이 부담을 느끼셨을 것 같습니다. 저라도 충분히 그렇게 느꼈을 거라 생각해요. 가격 부분은 당장 조정하기 어렵지만 고객님이 가진 예산 범위 내에서 충분히 도움될 만한 현실적인 대안을 찾아보겠습니다."

이처럼 감정에 대해서는 공감을 표현하는 동시에 현실적 한계와 문제를 명확하게 전달하는 태도를 갖추는 것이 중요하다. 감정을 존중하는 것과 요청하는 사항을 무조건 들어준다는 것은 별개의 영역이다. 이 둘을 분리하여 접근하면 상대의 마음을 얻으면서도 우리 입장을 명확히 전달하고 현실적인 해결책을 제시할 수 있다.

실전 세일즈 상황에서 고객의 반응에 공감하는 표현들

가격에 대한 부담을 말할 때

- "그 부분, 충분히 고민되실 것 같아요. 예산 내에서 가장 현실적인 옵션을 함께 조율해 보면 좋을 것 같아요."
- "예산이란 게 언제나 여유롭진 않으니까요. 고객님의 입장을 고려해 유연하게 맞춰볼 수 있는 구조를 한번 같이 보시죠."

기능이나 품질에 대한 불만을 말할 때

- "업무에 영향을 줬던 부분이라면 충분히 신경 쓰이셨을 것 같아요. 어떤 환경에서 그런 현상이 반복됐는지 조금 더 들려주시면 도움이 될 것 같습니다."
- "그런 상황이 반복되었다면 정말 스트레스셨을 것 같아요. 혹시 불편하셨던 구체적인 부분이 있으셨을까요?"

일정이나 내부 의사결정 구조로 망설이는 경우

- "네, 내부 승인 절차가 있으실 테니까요. 그 과정을 고려해서 저희 쪽도 유연하게 맞춰보겠습니다."
- "최종 결정까지 여러 부서 의견을 모아야 하신다는 점 충분히 이해합니다. 그 과정이 수월하시도록 저희가 정리해놓은 요약안도 함께 전달드릴게요."

부드럽게 거절하는 기술

비즈니스를 하다 보면 무리한 요청을 받을 때가 종종 있다. 일례로 IT 시스템을 구축하는 SI 업체처럼 납품 이후에도 몇 년 동안 유지보수를 수행해야 하는 업종에서는 보증 기간이 끝난 후에도 기능 추가나 일정 변경 같은 계약 외 요청이 빈번하게 발생한다. 이런 요청을 전부 들어줄 수는 없다. 무리한 요청을 모두 들어주다가는 돈은 벌지만 결국 손해를 보는 상황이 발생할 수 있다. 그렇다고 "계약서에 없습니다"라고 단칼에 거절하면 고객과의 관계는 금이 가고 다음 기회까지 잃어버릴 수 있다.

그래서 필요한 기술이 있다. 바로 부드럽게 거절하는 기술이다. 고객의 감정을 다치지 않게 하면서 우리의 입장을 분명히 전달하고 다른 해결 방안을 함께 찾는 방식이다. 부드러운 거절은 4단계로 구성된다.

1단계: 처음 약속한 기준을 부드럽게 상기시키기

거절의 첫 번째 원칙은 기준을 다시 상기시키는 것이다. 고객과 처음에 어떤 내용을 약속했고 계약서나 제안서에 어떤 항목들이 포함됐는지를 명확히 되짚어 보는 단계다. 이는 법적으로 다투자는 의미가 아니라 고객과 우리의 대화에 기준점을 만들어 주는 것이다. 기준이 명확해야 이후의 협상과 조정이 가능해진다.

"고객님, 말씀하신 내용은 저희도 중요하게 생각합니다. 다만 처음 계약할 때 합의한 구축 범위는 ERP 핵심 모듈까지였어요. 지금 요청하신 보고용 통계 기능은 다음 단계에 진행하기로 한 항목입니다." 이렇게 기준을 다시 상기시키면 고객도 무리한 요구를 하고 있다는 사실을 인지할 수 있다.

2단계: 어려운 상황을 솔직히 전달하기

기준을 전달했다면, 이제는 우리 회사의 현실을 고객이 충분히 이해할 수 있도록 솔직히 설명해야 한다. 무조건 "안 됩니다"라는 말 대신, 우리 내부 사정이 어떤지, 왜 즉시 대응이 어려운지를 진정성 있게 이야기하는 단계다.

"지금 내부적으로 마감 일정이 빠듯하고 인력 배치상 여유가 없는 상황입니다. 요청하신 기능이 들어가게 되면 일정 전체가 밀릴 가능성이 큽니다."

이렇게 우리의 사정을 투명하게 전달하면, 고객도 상황을 이해하게 되고 불필요한 갈등을 줄일 수 있다.

3단계: 고객의 진짜 니즈를 한 번 더 확인하기

고객이 무리한 요구를 할 때, 표면적인 이유 말고 진짜 이유가 있을 가능성이 높다. 보고 일정 때문이거나 내부적으로 급한 이유가 있거나 혹은 실사용자의 요구 때문일 수 있다. 이런 진짜 원인을 파악하지 않으면 문제를 효과적으로 해결할 수 없다.

"혹시 이 기능이 갑자기 필요해지신 이유가 있으실까요? 내부 보고 일정이 있으신 건지 아니면 사용자 측에서 급하게 요청이 들어온 건지 이유를 알 수 있을까요?" 이렇게 질문을 던지면 고객은 자신의 진짜 고민을 털어놓게 되고, 이 진짜 이슈를 바탕으로 훨씬 효과적인 해결 방안을 찾을 수 있다.

4단계: 거절과 함께 대안 제시하기

고객의 요청을 있는 그대로 수용하기 어렵더라도 다른 방법으로 고객의 니즈를 충족시킬 수 있는 대안을 제시하는 것이 중요하다. 무조건적인 거절이 아니라 고객이 받아들일 수 있는 현실적이고 창의적인 제안을 통해 해결점을 함께 찾아야 한다.

"보고 일정 때문에 급하시다는 점 충분히 이해했습니다. 다만 이번 배포에는 포함하기 어렵습니다. 대신 현재 데이터를 활용한 유사한 형태의 엑셀 템플릿을 제가 직접 만들어서 드리겠습니다. 이번 보고는 그것으로 임시 대응하시고, 실제 기능 구현은 다음 릴리즈 일정에 맞춰 진행하면 어떠실까요?”

이러한 방식으로 거절하면 고객은 자신의 요청이 거절당했다는 느낌보다 문제 해결을 위해 우리가 적극적으로 노력하고 있음을 느끼게 된다.

사례. 계약 외 기능을 요청하는 고객과의 대화

A사는 B사에 ERP 시스템을 구축해주는 프로젝트를 진행 중이었다. 현재는 2단계 구축을 마무리하고 안정화 테스트 중인 시점. 이때 B사의 실무 담당자가 갑작스럽게 이런 요청을 해왔다. “3단계에 진행하기로 한 통계 화면 기능을 이번에 미리 넣어주셔야 할 것 같습니다.” 해당 기능은 개발 공수가 많고 일정에 큰 부담을 줄 수 있는 작업이었다. 즉시 수용하긴 어려운 요청이었다. 그래서 표4처럼 4단계 부드러운 거절법을 적용했다.

대응 단계	제공하는 서비스 및 부가가치
기준을 부드럽게 상기시킨다.	“요청하신 통계 화면 기능의 필요성은 충분히 이해합니다. 다만, 처음 계약서와 협의할 때 ERP 핵심 모듈까지만 이번 단계에서 진행하기로 약속했었고 해당 기능은 3단계에서 다루기로 정리되었던 내용입니다.” → 고객과 처음에 합의했던 범위와 기준을 법적 분쟁이 아닌 대화의 기준으로 상기시킴. → 이 단계는 “당신이 틀렸다”가 아니라 “우리는 이렇게 약속했었다”는 사실의 리마인드다.

우리 쪽의 어려운 처지에 대해 양해를 구한다.	"지금 개발팀의 리소스도 매우 빠듯하고 테스트 일정에도 상당한 영향을 줄 수 있어서 이번 단계에서 추가 기능을 반영하기는 현실적으로 매우 어려운 상황입니다." → 단순히 "안 됩니다"가 아니라 왜 어려운지를 고객이 납득할 수 있도록 설명. → 특히 일정, 품질, 리소스 등 고객이 공감할 수 있는 요소 중심으로 구조화된 설명이 핵심.
고객의 요청 이면의 진짜 이유를 묻는다	"혹시 갑자기 이 기능이 필요하신 특별한 이유가 있으실까요? 내부 보고나 급한 업무 요청 때문이신가요?" → 고객의 겉 요청을 그대로 받아들이지 않고, 수면 아래 이슈를 진심으로 파악하려는 질문 → 이 질문을 통해 고객은 솔직해지고, 문제 해결의 핵심 경로를 열 수 있다.

고객의 답(고객의 수면 아래 이슈)
"사실은 이번 주에 급하게 임원 보고 일정이 잡혀서 그렇습니다."

현실적인 대안을 제시한다	"그렇다면 제가 빠르게 현재 데이터를 활용한 엑셀 보고서 형태로 임시 보고가 가능한 템플릿을 만들어 드리겠습니다. 이번 보고는 그 템플릿으로 진행하시고 요청하신 기능 자체는 다음 릴리즈 일정에 맞춰 안정적으로 제공해드릴 수 있도록 준비하면 어떨까요?" → 정중하고 현실적인 대안을 제시함으로써 고객이 감정을 잃지 않고 납득할 수 있는 출구를 제공 → 고객 입장에서 '지금 필요한 목적'은 충족하고, 프로젝트 일정은 유지되는 상호 만족형 해결책

— 표4 —

고객은 비록 원래 요청을 관철시키지는 못했지만 그래도 현실적인 대안을 받아들였다. 상황은 일정에 영향 없이 원만하게 마무리

되었다. 이처럼 무리한 요청이라도 ① 기준을 상기시키고 ② 현실을 설명하고 ③ 진짜 니즈를 파악하고 ④ 대안을 제시하면 거절은 관계의 단절이 아니라 신뢰를 쌓는 계기가 된다.

갑질 대응법

세일즈 현장에서 우리는 때때로 상대하기 매우 까다로운 고객을 마주하게 된다. 특히 '갑질'을 하는 고객을 만나면 감정적으로 큰 소진을 경험하고, 업무에 대한 자신감까지 흔들릴 수 있다. 그런 상황이 반복되면 자신이 초라해지고 무기력해지기도 한다. 이럴 때면 본능적으로 상황을 회피하거나 방어적으로 반응하게 된다. 그렇게 대응하면 문제는 악화되고 갑질 고객의 태도는 더 심해질 수 있다.

혹시라도 이런 상황에 처하면 혼자서 감당하려 하지 말라. 더 전략적이고 현명한 방법으로 문제를 풀어야 한다. 다음 원칙을 기억한다면 갑실 고객을 만나더라도 감정직으로 지치지 않고 나 자신을 보호하며 현명한 해결책을 찾을 수 있다.

원칙1. 개인적으로 받아들이지 않는다(트라이앵글 모델)

갑질 고객의 강압적이고 공격적인 언행을 듣다 보면 무의식적으로 마음의 상처를 입기 쉽다. 나 자신이 직접 공격당하고 있다고 느끼기 때문이다. 고객이 표현하는 불만이나 분노는 회사의 제품이나 서비스, 정책 등에 대한 것이지 당신에 대한 것이 아니라고 생각하자. 그래서 이때 필요한 것이 바로 '트라이앵글 모델'이다.

트라이앵글 모델이란 고객과 나, 그리고 우리 회사를 삼각형 구도로 생각하는 방식이다. 여기서 영업자인 나는 고객과 회사를 연결해주는 메신저 역할을 하고 있다고 생각하는 것이다. 이는 책임을 회피하라는 의미가 아니라 문제를 개인적으로 받아들이지 않고 객관적으로 바라보는 태도를 유지하라는 뜻이다. 예를 들어 고객이 무리한 요구를 한다면 다음과 같이 접근할 수 있다.

"고객님께서 그렇게 말씀하시는 이유는 충분히 이해합니다. 다만 저희 회사도 정책과 업무 프로세스가 있어서 제가 단독으로 즉시 결정하기는 어려운 부분이 있습니다. 제가 고객님의 담당자로서 이 문제를 해결할 수 있는 다른 방법이나 대안이 있는지 내부적으로 적극 확인해보겠습니다."
"말씀하신 부분은 제가 회사와 신속히 소통하여 최선의 방안을 찾을 수 있도록 노력하겠습니다."

이렇게 고객의 불만을 나 개인에 대한 공격이 아니라 회사에 대한 공격으로 바라보자. 그리고 감정적 거리두기를 통해 문제의 본질에 더 냉정하게 접근하면 나 자신을 보호하면서 문제도 해결할 수 있다.

때로는 부조리한 현실이 우리를 힘들게 한다. 특히 세일즈 현장에서 만나는 갑질 고객은 우리의 마음을 흔들고 감정을 상하게 한다. 안타깝게도 그런 사람들이 없는 세상을 기대하는 건 어렵다. 세상이 늘 합리적이지만은 않고, 때로는 억울하고 분통 터지는 상황을 마주해야 할 때도 있다. 중요한 것은 그런 현실이 아니라 우리가 그것을 어떻게 헤쳐나가느냐다. 부당한 고객의 언행에 감정적으로 대응하고 상대와 같은 방식으로 맞선다면 결국 가장 큰 피해를 보는 건 나 자신이다. 업무에 대한 자신감이 흔들리고, 감정은 소진되고, 관계마저 악화된다.

갑질 고객을 만나더라도 흔들리지 않고, 현명하게 선을 긋고, 감정적으로 대응하지 않는 사람이야말로 장기적으로 승리한다. 그런 사람들이 진짜 프로페셔널이다. 결국 세상을 살아가다 보면 부침이 있고, 좋은 순간만 있을 수 없다. 어려울 때 자신을 지키고 상황을 지혜롭게 헤쳐나가는 사람이 신뢰를 얻는다.

이제부터 갑질 고객을 만나더라도 위축되거나 흔들리지 말자. 역설적으로 그 순간이 바로 우리가 진짜 프로페셔널로 성장하는 순간이다. 어려운 상황에 현명하게 대처하는 것이 곧 세일즈의 진짜 역할이다.

화난 고객 대처법

세일즈를 하다 보면 가장 당황스럽고 긴장되는 순간이 있다. 바로 고객이 화를 냈을 때다. 누구나 실수할 수 있고 때로는 명백히 나의 귀책 사유로 고객이 크게 분노하고 항의하는 상황이 발생하기도 한다. 목소리는 격앙되고 분위기는 싸늘하며 감정은 이미 극에 달한 상태다. 이럴 때면 누구나 당황하거나 위축된다. 본능적으로 빨리 거기에서 벗어나려고 일을 급하게 처리하거나 무마시키려 한다. 때로는 "이건 내 책임이 아니다"라고 방어적 태도를 보이기도 한다. 그런 방식으로 화난 고객을 상대하면 화를 더 돋우게 되어 문제가 더 커질 수도 있다.

또한 화난 고객에게 잘못 응대했을 때 받게 되는 마음의 상처 또한 엄청나다. 아무 잘못도 없는데 고객이 나를 무시하면서 소리를 지르면 억울하고 화가 난다. 그런 일을 반복적으로 겪게 되면 점점 자신감이 떨어지고 업무 자체에 대한 자괴감도 든다.

나 자신을 위해서라도 화난 고객을 잘 응대하는 방법을 익혀야 한다. 이런 위기 상황을 어떻게 다루느냐에 따라 고객과의 관계는 완전히 다른 방향으로 흘러갈 수 있다. 단순히 불만을 처리하는 감정의 쓰레기통이라는 자책감에서 끝나는 것이 아니라, 오히려 신뢰와 협력의 전환점이 될 수도 있다.

나는 한국내쇼날인스트루먼트에서 '인사이드 세일즈'로 일한 적이 있다. 인사이드 세일즈는 고객과 직접 대면하지 않고 전화나 이 메일을 통해 제품을 소개하고 판매하는 세일즈 직무다. 이런 업무 특성상 고객의 불만이나 문제 상황이 발생하면 보통 내가 가장 먼 저 응대하는 경우가 많았다. 처음에는 경험이 부족해서 고객이 화 가 났을 때마다 성급하게 논리적으로 설명하려 하거나 "그건 제 담 당이 아닙니다"라며 책임을 미루려 했다. 그러다 보니 상황은 점점 더 악화되곤 했다.

그날도 마찬가지였다. 내가 대응한 고객이 점점 더 화를 내며 상 황이 걷잡을 수 없이 커지자 당황한 나는 옆자리 선배에게 도움을 요청했다. 선배가 전화를 이어받아 화난 고객을 응대하는 모습을 지켜보았는데 놀랍게도 그렇게 격앙되었던 고객이 점점 차분해지 면서 결국 만족하며 통화를 마쳤다. 그 순간 '아, 저렇게 하니까 화 난 고객을 잠재울 수 있구나. 내가 했던 방법이 완전히 잘못된 것 이었구나'라는 것을 깨달았다.

화난 고객 잠재우는 3가지 방법

그렇다면 선배는 어떻게 화난 고객을 효과적으로 다루었을까? 나는 그날 이후 선배의 방법을 유심히 관찰했고, 3가지 핵심 원칙 을 발견했다. 이 원칙들을 이후로 꾸준히 사용하고 있으며, 실제로 큰 효과를 보고 있다.

첫째, 발생한 사실과 원인을 투명하고 명확하게 설명한다. 고객은 문제가 발생했다는 사실보다 그 문제가 감춰지거나 무시되었을 때 더 화를 낸다. 그래서 가장 먼저 해야 할 일은 지금 벌어진 문제와 원인을 소상히 설명하는 일이다. 예컨대 "이번 문제는 저희 시스템 업그레이드 과정에서 예상치 못한 오류로 발생한 것입니다. 불편을 드려 정말 죄송합니다", "현재 원인을 내부적으로 파악했고, 어떤 과정에서 문제가 생겼는지 투명하게 말씀드리겠습니다"와 같은 표현이다. 이는 고객에게 불신을 줄이고 '이들은 감추지 않는구나'라는 신뢰를 심어준다.

둘째, 구체적인 해결책과 명확한 일정을 제시한다. 원인을 설명했다면 다음으로 고객이 원하는 것은 "그래서 언제 해결됩니까?"이다. 이때 막연한 답변은 고객을 더욱 불안하게 한다. 고객은 해결보다 예측 가능한 일정과 행동 계획을 원한다. 따라서 "24시간 내에 1차 조치를 완료하고 이후 안정화 검토까지 마친 뒤 그 결과를 공유드리겠습니다"라거나 "목요일 오전 10시까지 완전한 해결이 완료되며 매일 오후 4시에 진행상황을 보고드리겠습니다"처럼 구체적이고 명확한 약속을 전달해야 한다.

셋째, 책임 소재를 명확히 하고 책임 있는 태도를 보인다. 고객의 분노는 단지 문제 때문이 아니라 책임지는 사람이 없을 때 더 커진다. "누가 책임자인가요?", "담당자는 누구인가요?"라는 질문에 머뭇거리면 고객의 신뢰는 바닥까지 떨어진다. 이때는 이렇게 말해야 한다. "이 부분은 개발팀 소관이기는 합니다만, 제가 정확한 원인을 파악하고 어떻게 해결할 수 있을지 알아보고 끝까지 돕겠습니다." 이런 책임지는 자세는 고객에게 큰 신뢰와 안심감을 제공하고 향후 관계 발전의 중요한 발판이 된다.

화난 고객을 더 화나게 만드는 잘못된 대응법

선배의 방법을 배우고 나서 되돌아보니, 내가 경험이 없을 때 했던 방법들이 얼마나 잘못되었는지 알게 됐다. 화난 고객을 더 화나게 만드는 흔한 잘못된 대응법들을 정리해보면 다음과 같다.

첫째, 공감하려는 태도를 보이지 않았다. 여기서 공감이란 상대의 마음과 기분을 이해하는 태도를 보이라는 뜻이지, 무조건 상대의 요청을 다 들어주라는 뜻이 아니다. 그러나 많은 사람들은 고객의 입장을 이해하고 공감하는 자세를 보이지 않는다.

둘째, 지나치게 논리적으로만 대응했다. 고객이 화가 난 상태는 이미 감정적으로 불타오르는 상태인데, 이럴 때 법적인 문제는 없다고 하거나, 절차상 그렇게 됐다거나, 규정이 그래서 어쩔 수 없다는 식으로 논리적인 대응만 하게 되면 고객의 분노는 더욱 커지게 된다. 고객이 지금 논리를 모르거나 이해하지 못하는 게 아니다. 감정이 불타고 있는 순간에는 논리를 설명하기보다 감정을 어루만지는 것이 먼저여야 한다.

셋째, 문제의 본질을 회피하고 형식적으로만 마무리하려 했다. 가장 잘못된 대응은 원인 파악이나 재발 방지 대책 없이 단지 "죄송합니다"만 반복적으로 이야기하며 상황을 서둘러 끝내려 하는 것이다. 이때 고객은 "지금 나를 대충 처리하고 넘어가려 하는구나"라고 느끼고 결국 문제는 더 심각해질 수 있다. 이렇게 대응하면 사과가 반쪽짜리일 뿐 아니라 고객의 감정이 제대로 해소되지 않아 근본적으로 문제를 해결할 수 없다.

넷째, 상대방을 비이성적인 사람으로 판단하거나 취급하는 태도다. "진정하세요", "침착하세요", "그렇게 말씀하시면 곤란합니다" 같은 표현들은 옳은 말일지 모르지만, 고객 입장에서는 "지금 나를 문제 있는 사람으로 보는구나"라는 모욕감을 느끼게 한다. 감정이 고조된 고객에게는 차분히 들어주는 자세가 먼저다. 이성적인 판단으로 고객을 가르치듯 대하면 절대 안 된다.

다섯째, "제 담당이 아닙니다"라며 회피하는 태도다. 사실 우리 회사 내부에서는 다양한 부서와 업무로 나뉘어 있다. 영업팀, 마케팅팀, 개발팀, 물류팀 등 각자의 영역이 명확하다 보니, 때때로 고객의 문제를 접했을 때 본능적으로 "이건 내 책임이 아닌데" 하고 자기 책임을 제한하게 된다. 하지만 고객은 우리를 조직 전체가 아니라 일대일 관계로 바라본다. 고객의 입장에서는 우리 회사 내부의 업무 분담 같은 건 관심도 없고 알 필요도 없다. 고객에게는 우리 조직 전체가 한 덩어리로 느껴지기 때문이다. 여기서 인식 차이가 발생한다. 그래서 우리는 "그건 내 일이 아닙니다"라는 식의 대응을 입 밖으로 내지 않도록 노력해야 한다.

이러한 잘못된 대응과 태도를 반복하면 문제는 결코 해결되지 않고 더 큰 위기로 번질 뿐이다. 하지만 반대로 이런 상황을 잘 다루면 위기는 오히려 관계를 더 단단하게 만드는 기회가 될 수 있다. 신뢰는 항상 순탄한 대화에서만 생기지 않는다. 오히려 긴장과 갈등을 어떻게 풀어내느냐에 따라 진짜 신뢰가 만들어진다.

잠시 멈춤, 그 순간이 기회다

세일즈를 하다 보면 누구나 실패와 두려움을 겪는다. 중요한 세약을 놓치거나 기대했던 목표를 이루지 못할 때, 혹은 예상치 못한 고객의 반응과 부정적인 평가를 받았을 때 자책하고 좌절하게 된다. 그런 순간에는 자신감이 흔들리고 두려움이 엄습하며 갖가지 부정적인 생각이 머릿속을 가득 채운다. 특히 세일즈는 매출과 이익처럼 재무적 성과와 직접적으로 연결되어 있다. 이런 실패와 두려움은 더 크게 다가온다. 목표를 이루지 못했다는 생각에 자책하거나 아직 벌어지지 않은 일에 대해서도 비관하게 된다.

나 역시 과거에 세일즈 목표를 몇 분기 연속 달성하지 못한 적이 있었다. 당시 내가 몸담았던 회사는 인센티브 제도가 있어서 목표량을 달성하지 못하면 월급이 깎였다. 반대로 목표를 초과하면 그만큼 인센티브가 더 나왔지만 목표 달성에 실패했을 때의 스트레스는 견디기 힘들었다. 그 시기 나는 끊임없이 자책했고 회사로부터의 평가에 멘탈이 흔들렸다. 마음속에선 '내 능력이 부족한 건가?', '회사는 나를 인정하지 않을 거야', '내가 과연 앞으로도 이 일을 계속할 수 있을까?' 하는 온갖 부정적인 생각이 가득 차 있었다.

시간이 흐른 뒤에 돌아보면, 내가 느꼈던 두려움과 걱정은 현실보다 훨씬 과장되어 있었다. 물론 힘든 순간은 있었지만 내가 예상했던 최악의 상황은 대부분 일어나지 않았다. 회사 생활은 계속되었고 나는 그 상황을 잘 극복하며 더 많은 것을 배울 수 있었다. 당시의 실패와 두려움, 좌절의 순간들이야말로 진정으로 나를 성장시키고 발전시켜준 계기가 됐다. 만약 그런 경험이 없었다면 지금처럼 세일즈 코치로서 다른 사람들을 이해하고 그들의 어려움을 공감하며 돕는 일은 결코 하지 못했을 것이다.

이러한 경험을 통해 나는 빅터 프랭클의 책《죽음의 수용소에서》

를 다시 떠올리게 됐다. 빅터 프랭클은 오스트리아 출신의 유대인
이자 정신과 의사였는데, 제2차 세계대전 당시 나치의 강제수용소
아우슈비츠에서 처절한 고통을 직접 경험한 인물이다. 수용소 안
에서 모든 이들은 똑같은 고통과 공포 속에 살았다. 매일 극심한
굶주림과 혹독한 추위, 그리고 언제 죽임을 당할지 모른다는 극한
의 두려움 속에서 하루하루를 견뎌야만 했다.

그러나 그는 똑같은 환경에 놓인 사람들 사이에서도 결정적인
차이가 있다는 사실을 발견했다. 어떤 사람들은 수용소의 끔찍한
현실 앞에서 희망을 잃고 삶의 의미를 포기한 채 시름시름 앓다가
결국 죽음을 맞이했다. 반면 일부 극소수의 사람들은 똑같은 극한
의 상황에서도 끝까지 삶의 의미와 희망을 붙들었고, 결국 살아남
아 자유를 되찾았다. 이러한 운명의 갈림길을 만들어낸 차이는 바
로 외부에서 주어진 '자극'과 그에 대한 자신의 '반응' 사이에 존재
하는 작은 공간이었다.

그는 다음과 같은 가르침을 전했다.

"자극과 반응 사이에는 공간이 존재한다. 바로 그 공간에서 우
리는 우리의 반응을 선택할 자유와 힘을 갖는다. 그리고 그 반응을
통해 우리의 성장과 자유가 결정된다."

빅터 프랭클은 극한의 수용소 생활 속에서 정말 고통스러웠지
만, 이 공간을 통해 그 끔찍한 환경 속에서도 자신의 내면과 존엄
성을 끝까지 지킬 수 있었다고 말했다.

빅터 프랭클은 훗날 이를 로고테라피(logotherapy)라고 불렀다. 로고(logos)는 그리스어로 '의미'를 뜻하는 말로, 로고테라피는 삶의 의미를 발견하고 그 의미를 추구함으로써 어려움을 극복할 수 있다는 심리 치료법이다. 그는 삶에서 극도의 고통과 어려움이 닥칠 때, 그 상황을 즉각적으로 비관하거나 자극에 바로 반응하지 말고, 자신이 이 순간을 통해 무엇을 배우고 어떤 의미를 찾을 수 있는지 생각하며 삶의 목적과 의미를 추구해야 한다고 강조했다.

우리가 두려움과 실패를 겪었다면 – 정말 힘들겠지만 – 곧바로 반응을 보이기 전에 잠시 멈춰서 나만의 심리적인 공간을 만들어야 한다. 예를 들어 중요한 미팅이나 협상 중에 갑작스러운 비판을 들었을 때 혹은 팀장으로부터 따가운 질책을 받았을 때 즉시 대응하지 말고, "잠시만 생각할 시간을 주시겠습니까?"라고 말하며 여유의 공간을 만드는 것이다.

그 짧은 멈춤의 순간에 호흡을 가다듬고, 스스로에게 이렇게 물을 수 있다.

"지금 내가 느끼는 이 두려움이 혹시 내 마음속에서 더 크게 과장된 건 아닐까? 이 어려운 상황을 통해 나는 어떤 교훈을 얻을 수 있을까? 어떻게 하면 이 순간을 나의 성장과 발전의 기회로 삼을 수 있을까?"

이렇게 잠시 멈추고 자문해보면, 과장된 두려움과 불안에서 벗어나 상황을 더 냉정하고 이성적으로 바라볼 수 있게 된다. 이것이 바로 삶의 어려움과 고통을 현명하게 이겨내고 자신을 지켜내는 힘이다.

이는 세일즈 현장에서뿐만 아니라 삶 전체에 적용되는 이야기이기도 하다. 인생에 부침이 없을 수는 없다. 성공만 존재하는 인생이란 없다. 진정으로 오랫동안 살아남아 성공하는 사람들은 어려움과 고통을 만났을 때 회피하거나 좌절하는 대신, 그 순간을 오히려 성장과 성숙의 기회로 삼는 사람들이다.

빅터 프랭클은 어떤 면에서 현대인의 삶은 아우슈비츠 수용소에서의 삶과 닮아 있다고 말했다. 인생 자체가 힘든 여정일 수 있겠지만, 극한의 고통과 불확실성 속에서도 삶의 의미를 잃지 않고 자신의 태도와 반응을 선택할 수 있는 힘이 우리 안에 있다는 것이다.

세일즈 현장에서 까다로운 고객을 마주하거나 예상치 못한 실패와 두려움에 부딪힐 때마다, '자극과 반응 사이의 공간'을 기억하자. 외부에서 오는 자극은 내가 어찌할 수 없는 상황일지라도, 그 자극에 대한 내 반응은 내가 통제할 수 있다. 그리고 두려움을 통제하면 나의 반응 역시 완전히 달라질 수 있다. 중요한 것은 외부 자극 자체가 아니라, 그 자극을 받아들이고 대처하는 나의 태도다.

도망치고 싶을 때, 한 걸음 더!

국내 굴지의 반도체 장비 공급업체 직원들을 대상으로 세일즈 코칭을 진행했을 때의 일이다. 그곳의 엔지니어들은 하나같이 입을 모아 "하루하루가 전쟁터"라고 호소했다. 주 고객사인 삼성전자와 SK하이닉스는 '초 단위 생산성'을 생명으로 여긴다. 생산 라인이 1분만 멈춰도 손실은 눈덩이처럼 커진다. 이러한 압박감은 3교대를 돌며 최첨단 장비를 다루는 엔지니어들에게 그대로 전가된다. 예측 불가능한 사고 앞에서 그들은 "라인이 섰다"는 말만 들어도 심장이 철렁 내려앉곤 했다. 코칭 세션이 있던 날, 공급업체의 한 엔지니어가 사색이 되어 있었다. 장비 다운 사고로 생산 라인에 차질이 생겼고 격분한 고객사 담당자가 전화를 걸어 고성을 지르고 있다는 것이다. "지금 라인이 멈췄는데 도대체 뭘 하고 있는 겁니까!" 해결 시점을 예측하기 어려운 상황이라 양측 모두 두려움은 더 커지고 있었다. 나는 패닉에 빠진 그에게 피하지 말고 지금 당장 3가지 원칙을 적용해 정면으로 부딪치라고 주문했다.

첫 번째 원칙은 '투명한 사실 공유'이다. 고객이 분노하는 가장 큰 이유는 사고 그 자체보다 '상황을 모른다'는 답답함과 '공급업체가 무언가 숨기고 있다'는 불신 때문이다. 그는 내 가이드에 따라 상황을 있는 그대로 설명했다. "현재 펌웨어 업데이트 과정에서 특정 모듈이 비정상 종료된 것이 원인입니다. 내부 분석을 마쳤고 복구

절차에 들어갔습니다. 앞으로 계속해서 모든 상황을 공유드리겠습니다." 일단 급한 불을 끄는 순간이었다.

두 번째 원칙은 '예측 가능성 제공'이다. 고객이 가장 두려워하는 것은 해결이 언제 끝날지 모르는 상태다. 그는 "정상화 목표 시간은 오늘 오후 6시이며, 그때까지 1시간 간격으로 진행 상황을 보고드리겠습니다"라고 말했다. 이 정도만 해도 고객의 불안은 상당 부분 해소된다. 고객이 원하는 것은 완벽한 해결보다 '언제, 어떻게 해결될지' 명확한 기준이다. 일정이 제시되면 분노는 빠르게 가라앉는다.

세 번째는 '책임지는 태도'다. "그건 제 담당이 아닙니다"라는 말은 고객의 감정을 다시 폭발시킬 수 있다. 그는 이렇게 답했다. "원인 구간은 OO팀 소관이지만, 복구와 안정화, 그리고 결과 보고까지 제가 피드백 드리겠습니다." 책임지는 사람이 눈앞에 있다는 사실은 고객에게 가장 큰 안정감을 준다. 이는 엔지니어에게도 주도권을 회복하게 해주는 중요한 순간이다.

상황이 완전히 정리되자, 엊그제까지만 해도 흥분하던 고객은 오히려 "고생 많았습니다. 수고하셨어요"라며 공급업체 엔지니어를 격려했다고 한다. 아무리 예민하고 까다로운 고객이라도 그들이 진정으로 원하는 것은 '완벽함'이 아니라 '문제를 끝까지 책임지는 사람'이다. 도망치고 싶은 순간에 한 걸음 더 다가가면, 고객의 분노는 잠잠해지고 관계는 오히려 더 깊어진다.

자신의 강점으로 세일즈 하세요

세일즈 현장에서 일하다 보면 다른 사람과 자신을 비교하게 된다. 특히 자신이 부족하다고 느낄 때면, 더더욱 주변 사람의 강점을 부러워하면서 스스로를 비판하곤 한다. 나 또한 그런 시절이 있었다. 나는 본래 내성적이어서 화끈하게 사람들을 휘어잡거나, 강한 카리스마로 기선을 제압하는 데에는 재능이 없었다. 늘 '세일즈를 잘하려면 당연히 외향적이고 카리스마 있는 성격이어야 한다'고 생각했기 때문에 자신감을 갖기 어려웠다.

하지만 세일즈 업무를 계속하다 보니 내게도 분명히 남다른 강점이 있다는 것을 깨닫게 됐다. 나의 가장 큰 강점은 상대방의 속마음을 깊이 이해하고 공감하는 능력이었다. 상대의 말 너머에 있는 진짜 욕구와 숨겨진 고민을 예민하게 파악했고, 상대의 작은 표정이나 말투 변화에도 기민하게 반응할 수 있었다. 또한 상대방이 원하는 것을 찾아내고, 문제를 해결하기 위해 창의적인 대안을 생각해내는 데도 뛰어났다. 고객이 어렵다고 느끼는 문제를 쉽게 접근 가능한 아이디어로 바꿔내는 데 큰 강점이 있었다.

물론 나에게도 명확한 단점이 있었다. 화끈하게 밀어붙이거나, 상대를 강력하게 설득하거나, 카리스마 넘치는 태도로 기선을 제압하는 데는 서툴렀다. 그런 나 자신을 보며 처음에는 한계를 느꼈다. 세일즈 담당자는 아무래도 강한 모습을 보여주어야 하지 않을까? 나의 존재가치에 대해 의문이 들 때도 있었다. 하지만 내가 가진 강점에 집중하기 시작하자 이런 단점들은 더 이상 문제가 되지 않았다. 나의 재능을 인정하고 이를 적극적으로 살리는 방향으로 전략을 바꾼 것이다.

어카운트 세일즈를 맡았던 때의 일이었다. 어카운트 세일즈란 특정 기업 고객을 전담하여 관리하는 세일즈 방식이다. 신규 기회를 발굴하는 동시에 장기적으로 고객과의 깊은 신뢰를 형성해야 하는 업무였다. 우리 측 정기 인사 배치로 나는 새롭게 담당하게 된 기업 고객과 첫 미팅을 가졌는데, 시작부터 상황이 좋지 않았다. 고객사는 나에게 대단히 적대적이고 부정적이었다. 이전의 세일즈 담당자가 고객의 요구를 제대로 들어주지 않고 팔로업도 소홀히 했다는 것이었다. 첫 미팅에서부터 나는 고객사의 강한 불만을 상대해야 했다.

그때 내가 선택한 전략은 나의 강점인 경청과 공감, 기민함을 적극적으로 활용하는 것이었다. 고객의 말을 끊지 않고 끝까지 들으며 진심으로 공감하고 이해했다. 고객의 말을 적극적으로 받아들이고, 바로 조치를 취할 수 있는 부분부터 하나씩 해결해 나갔다. 이 과정에서 즉각적인 성과가 나오지는 않았다. 몇 개월이 지나도록 고객은 여전히 냉소적이고 불만을 드러내며 나를 힘들게 했다. 그러나 포기하지 않았다. 나만의 강점을 믿고 상대방의 속마음을 꾸준히 읽으려 노력했고, 고객이 고민하는 문제를 조금이라도 개선할 수 있는 창의적인 대안을 찾아 제안했다.

이렇게 6개월이 흐른 무렵, 변화가 찾아왔다. 처음에 그렇게 차갑고 냉소적으로 나를 밀어냈던 고객이 어느 순간부터 나를 조금씩 인정하기 시작했다. 나의 진심을 믿기 시작한 것이다. 이로 인해 다양한 신규 기회가 만들어지고 매출 성장까지 이룰 수 있었다. 내가 가진 강점, 즉 상대방의 감정을 세심히 이해하고, 민첩하고 창의적으로 대안을 제시하는 능력을 활용한 덕분이었다.

이러한 경험을 통해 분명한 깨달음을 얻을 수 있었다. 세일즈에서 정말 중요한 건 다른 사람의 강점을 따라 하는 게 아니라, 내가 이미 가지고 있는 고유한 강점을 정확히 파악하고 그걸 최대한 활용하는 것이다. 시대가 변하면서 세일즈는 훨씬 다양한 사람들에게 기회를 열어주고 있다. 예전처럼 외향적이고 카리스마 넘치는 사람들만 성공하던 시대는 지나갔다. 지금은 오히려 상대방을 진심으로 배려하고 공감하며 깊이 이해할 수 있는 사람이 더 큰 신뢰와 성과를 얻는다. 세일즈에서도 다양성과 인간적인 접근이 더 중요해진 것이다.

자신에게 물어보라.

"지금 이 어려운 상황을 나의 강점으로 어떻게 극복할 수 있을까?"

이런 질문을 통해 자신감을 되찾을 수 있고, 두려움이나 좌절감 같은 순간적인 감정에 휘둘리지 않으면서 자신만의 강점을 제대로 발휘할 수 있게 된다.

이제부터는 자신의 약점에만 빠져 고민하지 말고, 이미 내가 가지고 있는 강점을 발견해서 세일즈에 활용해 보자. 내성적인 성격이라고 걱정할 필요도 없고, 말을 시원시원하게 못한다고 스트레스 받을 필요도 없다. 세상이 달라졌다. 자기만의 특별한 강점을 정확히 알고 이를 적극적으로 써먹는 사람이 세일즈 현장에서 가장 오래 살아남고 가장 좋은 결과를 만들어낸다. 당신이 가진 그 특별한 강점이야말로 세일즈의 진짜 무기다.

영업은 숫자로 말한다

초판 1쇄 인쇄 2026년 3월 10일
초판 1쇄 발행 2026년 3월 20일

지은이 유장준
펴낸이 유정연

이사 김귀분
책임편집 신성식 **기획편집** 정유진 조현주 이지은 유리슬아 황서연 유자영 **디자인** 안수진 디자인붐
마케팅 반지영 박중혁 하유정 **제작** 임정호 **경영지원** 박소영

펴낸곳 흐름출판 **출판등록** 제313-2003-199호(2003년 5월 28일)
주소 서울시 마포구 월드컵북로5길 48-9(서교동)
전화 (02)325-4944 **팩스** (02)325-4945 **이메일** book@hbooks.co.kr
홈페이지 hbooks.co.kr **인스타그램** instagram.com/nextwave_pub
출력·인쇄·제본 삼광프린팅(주) **용지** 월드페이퍼(주) **후가공** (주)이지앤비(특허 제10-1081185호)

ISBN 978-89-6596-783-5 03900

살아가는 힘이 되는 책 흐름출판은 막히지 않고 두루 소통하는 삶의 이치를 책 속에 담겠습니다.

THE
SALES
ENGINE